Hugo Blümner
Fahrendes Volk im Altertum

Blümner, Hugo: Fahrendes Volk im Altertum.
Hamburg, SEVERUS Verlag 2014.
Nachdruck der Originalausgabe von 1918:
Sitzungsberichte der Königlich Bayerischen Akademie der Wissenschaften. Philosophisch-philologisch und historische Klasse Jahrgang 1918, 6. Abhandlung.

ISBN: 978-3-86347-839-1
Druck: SEVERUS Verlag, Hamburg, 2014

Der SEVERUS Verlag ist ein Imprint der Diplomica Verlag GmbH.

Bibliografische Information der Deutschen Nationalbibliothek:
Die Deutsche Nationalbibliothek verzeichnet diese Publikation in der Deutschen Nationalbibliografie; detaillierte bibliografische Daten sind im Internet über http://dnb.d-nb.de abrufbar.

© **SEVERUS Verlag**
http://www.severus-verlag.de, Hamburg 2014
Printed in Germany
Alle Rechte vorbehalten.

Der SEVERUS Verlag übernimmt keine juristische Verantwortung oder irgendeine Haftung für evtl. fehlerhafte Angaben und deren Folgen.

SEVERUS

„Fahrendes Volk" oder „fahrende Leute" nennt man seit dem frühen Mittelalter allerlei Gaukler und Taschenspieler, Seiltänzer und Akrobaten, Sänger und Musikanten, die ihr Gewerbe im Herumziehen von Ort zu Ort, von Markt zu Markt ausüben. Diese bunte Gesellschaft, die Holtei in seinen „Vagabunden" so ergötzlich geschildert hat und die, wenn auch stark verringert und vielfach den neuen veränderten Verhältnissen angepaßt, immer noch auf Jahrmärkten und Kirmessen, zumal auf dem Lande, ihr Wesen treibt, ist aber nicht erst im Mittelalter entstanden, sondern unmittelbar hervorgegangen aus ähnlichem Treiben zur Römerzeit; und dies hinwiederum hängt teilweise eng zusammen mit den in Griechenland und Kleinasien seit frühesten Zeiten sich findenden Vertretern derartiger Berufe.[1]) Und wie im Mittelalter und bis in unsere Zeit hinein die Leistungen dieser fahrenden Leute nicht bloß außerordentlich mannigfaltig nach Gattung und Art, sondern auch sehr verschieden nach Wert und Bedeutung waren,[2]) wie man einen fahrenden Sänger oder Spielmann nicht auf die gleiche Stufe stellen darf mit einem Feuerfresser oder Degenschlucker, so verhielt es sich auch im Altertum.

Denn im Grunde genommen sind die ältesten fahrenden Leute des griechischen Altertums, von denen wir wissen,[3]) die für die Förderung und Verbreitung der Dichtkunst so wichtigen Rhapsoden, die Sänger, die von Ort zu Ort wandernd den lauschenden Zuhörern von den Helden der Vorzeit und ihren Taten erzählten. Zwar sind die Sänger in der Odyssee (die Ilias erwähnt Berufssänger überhaupt nicht) nicht solche fahrende Leute, sie sind vielmehr freie Diener einer Gemeinde, wie Ärzte und Herolde; Demodokos, der im Palaste des Alkinoos singt, ist ebenso Phaiake, wie Phemios, der den Freiern seine Gesänge vorträgt, aus Ithaka ist. Rhapsoden aber waren es, welche die homerischen Gesänge und dann auch andere Heldenepen vortrugen und herumziehend verbreiteten; in älterer Zeit noch als Sänger, wie die homerischen, doch trat allmählich an Stelle des Gesangs die Deklamation. Die Rhapsoden hielten nun statt der Leier einen Stab in der Hand und rezitierten die homerischen Verse, namentlich an den öffentlichen Agonen.[4]) Damit sank aber allmählich ihr Bildungsstand und ihr Ansehn; der als Vertreter dieser Rezitatoren auftretende Ion bei Plato hat zwar den Homer auswendig gelernt und versteht ihn pathetisch zu deklamieren, ist aber ebenso eingebildet wie ungebildet, — von Hesiod und Archilochos weiß er nichts, und Sokrates weist ihm in dem Ion benannten Dialog nach, daß er auch Homers Geist nicht versteht. Und darin bildete er nicht etwa eine Ausnahme: diese Rhapsoden galten zur Zeit Xenophons schon als einfältige Leute.[5]) Trotzdem erhielt sich diese Zunft herumreisender Rezitatoren noch bis in die hellenistische Zeit hinein; wie sie bei den großen Festen sich einfanden,[6]) so zogen sie auch an die Fürstenhöfe.[7]) Doch brachten es die veränderten politischen Verhältnisse, namentlich aber die zunehmende Verbreitung des Buchhandels und damit die Fixierung der homerischen und andern Epen mit sich, daß diese Art öffentlicher Vorträge mit der Zeit verschwand, wenn auch Rezitationen bei Gastmählern oder festlichen Anlässen noch weiter Brauch blieben, nur waren es in der Regel keine herumziehenden Deklamatoren mehr, die sich damit abgaben.

Daß seit dem Anfang des 6. Jahrhunderts es Sitte geworden war, besonders in Kleinasien, daß auch die Dichter ein Wanderleben führten und namentlich an den Höfen und den Sitzen der Adeligen herumzogen, um die Fürsten und Vornehmen und ihre Ahnen zu verherrlichen und sich dadurch klingenden Lohn zu erwerben, ist bekannt; ein typischer Vertreter dafür ist Simonides von Keos. Immerhin dürfen wir diese Rhapsoden und Dichter, wenn wir sie auch zu den fahrenden Leuten rechnen können, doch nicht auf eine Stufe stellen mit solchen Sängern, wie sie später und auch bei den Römern nach Bänkelsängerart allerlei Dichtungen und Lieder minderen Wertes zur Unterhaltung einer Tischgesellschaft oder auch des Volks auf den Straßen vortrugen. Bekanntlich waren bei den Römern Rezitationen eine beliebte Unterhaltung nach Tisch, teils in Gestalt von Vorlesungen, zumal aus Homer und Vergil, teils in einem zwischen Deklamation und Gesang die Mitte haltenden Vortrag. In den Häusern der Reichen und Vornehmen standen dafür gebildete Sklaven zur Verfügung; doch gab es auch berufsmäßige Vorleser, und wir haben noch poetische Grabinschriften von solchen erhalten, in denen sie sich in prahlerischem Tone ihrer vortrefflichen Leistungen rühmen.[8] Daß auch diese von Ort zu Ort reisten, ist freilich nicht überliefert; das große Rom mochte ihnen wohl ein genügendes Feld für ihre Tätigkeit bieten. Wohl aber wissen wir es von den sogenannten Homeristen, die dramatische Szenen nach Homer aufführten, in der Regel aber im Theater auftraten.[9] Das soll zuerst Demetrios von Phaleron eingeführt haben.[10] Meist waren es wohl Kampfszenen, die dargestellt wurden und bei denen nicht etwa nur mit stumpfen Waffen gefochten wurde, da Verwundungen an der Tagesordnung waren.[11] Beim Gastmahl des Trimalchio treten Homeristen mit Schilden und Schwertern auf, die einen Dialog in griechischen Versen vortragen;[12] es waren offenbar Szenen aus der Ilias, die sie dialogisch vorführten, entweder im homerischen Urtext oder in einer freien Bearbeitung. Im Roman des Achilles Tatius[13] wird erzählt, wie ein Schiff, auf dem sich ein solcher Homerist befindet, von Seeräubern überfallen und, da der Homerist und seine Leute, mit ihrer σκευὴ Ὁμηρική bewaffnet, sich umsonst zur Wehr setzen, versenkt wird. Die Geretteten finden dann eine jenem gehörige Kiste, in der eine Chlamys ist und ein Theaterdolch, bei dem die Klinge je nach der Art der Handhabung sichtbar war oder im Griff verschwand. In ägyptischen Papyri der Kaiserzeit kommen Honorare und Engagements von Homeristen mehrfach vor.[14]

Aber auch sonst gab es reisende Schauspielertruppen, die wir dem fahrenden Volk zurechnen dürfen. Freilich nicht diejenigen, die zu der in hellenistischer und römischer Zeit weit verbreiteten Gesellschaft der „dionysischen Künstler" gehörten,[15]) denn das waren sehr angesehene und einflußreiche Vereine, die feste Wohnsitze besaßen, Korporationen bildeten und ihre Künstler an diejenigen Orte schickten, welche dramatische Aufführungen begehrten. Aber schon lange bevor diese σύνοδοι entstanden, gab es herumziehende Banden minderer Güte, die meist auf dem Lande, wo sonst sich keine Gelegenheit bot, Theateraufführungen zu sehen, auftraten. Demosthenes hält es dem Aischines vor,[16]) daß er sich bei solchen Banden als Tritagonist vermietet und sich an Feigen, Trauben und Oliven aus fremden Gärten gütlich getan, dafür aber auch mehr Hiebe davongetragen habe, als bei den Agonen (bei denen schlechte Schauspieler auch Prügel riskierten). Diese Schauspielertruppen, die recht gut mit den heutzutage im Aussterben begriffenen sogen. „Schmier verglichen werden können, wagten sich dabei auch gleich diesen an klassische Stücke, namentlich Tragödien. Daneben aber gab es andere Truppen, die mit bescheidenen Ansprüchen auftraten und derbe Possen, vielfach im Dialekt und in burlesken Kostümen und karrikierten Masken, aufführten. Von solchen wissen wir namentlich aus Unteritalien und Sizilien, wo solche Darsteller und Possenreisser Phlyaken hießen. Diese volkstümlichen Stücke, die dann wohl auch in die Literatur übergingen, indem die Dichter sich ihrer annahmen (wie bei den Römern der Atellane), wurden in Städten, wo es ein steinernes Theater gab, in diesem aufgeführt; aber unteritalische Vasengemälde, welche uns Szenen solcher Possen vorführen, kenntlich durch das charakteristische Kostüm der Schauspieler, zeigen, daß in Ermanglung einer Bühne für diese Vorstellungen ein Brettergerüst aufgeschlagen wurde, das auf starken säulenartigen Pfosten ruhte und das die Schauspieler mittelst einer Treppe betraten, während das Publikum sich davor, vermutlich auf dem bloßen Erdboden gelagert oder stehend, gruppierte.[17])

Verwandter Art sind die Mimen, die besonders komische Szenen oder typische Charaktere und Berufe vorführten und deren bekanntester Vertreter Sophron ist;[18]) ihre Darstellungen berührten sich vielfach mit denen der Spaßmacher und Jongleure,[19]) und so zogen sie auch gleich diesen seit früher Zeit und später in der Kaiserzeit wandernd im Lande umher.[20])

Auch pantomimische Darstellungen wurden von kleinen Wandertruppen vorgeführt. Im „Gastmahl" des Xenophon stellt sich ein Syrakusaner ein, der eine Flötenbläserin, eine Tänzerin und einen schönen Knaben mit sich führt, der trefflich Kithara spielen und tanzen kann. Diese kleine Gesellschaft gibt zunächst verschiedene Künste zum besten; als letztes Schaustück aber führen sie pantomimisch eine Liebesszene zwischen Dionysos und Ariadne auf.[21]) Es wird ein Thronsessel hingestellt, dann hält der Syrakusaner eine kurze Ansprache an die Anwesenden, in der er angibt, was dargestellt werden soll. Nun kommt Ariadne, bräutlich geschmückt, und nimmt auf dem Throne Platz; dazu ertönt auf der Flöte eine bacchische Weise. Ariadne scheint davon ergriffen. Da naht sich Dionysos (der schöne Knabe), setzt sich auf ihren Schoß (ganz wie man auf alten Bildwerken Dionysos im Schoß der Ariadne sieht) und küßt sie; Ariadne sträubt sich erst, erwidert dann aber seine Liebkosungen; dann stehen beide auf und gehen engumschlungen ab. Zu diesem allen ertönen die schmelzenden Melodien der Flöte. Das Mädchen aber und der Knabe, fügt der Erzähler hinzu, spielten ihre Rollen so natürlich, daß man sie hätte für ein wirkliches Liebespaar halten können; ja, die Zuschauer glaubten die Worte zu vernehmen, die das Liebespaar pantomimisch andeutete. Das war also eine Art von Ballet; das Mädchen und der Knabe werden auch direkt als Tänzer, ὀρχησταί, bezeichnet, was schon damals und noch mehr in der Folgezeit geradezu einen Pantomimen bedeutete. Auch wirkliche Kunsttänzer und namentlich -Tänzerinnen, die öfters zur Unterhaltung der Gäste nach Tisch bei Griechen wie Römern sich einstellten,[22]) mögen manchmal ihre Künste im Herumziehen gezeigt haben, obschon dies nicht direkt überliefert ist. Diese Tanzdarbietungen waren in der Kaiserzeit wegen ihrer Unzüchtigkeit verrufen, namentlich die Tänzerinnen aus Gades und die sogen. ambubaiae aus Syrien, die unter Musikbegleitung oder auch selbst mit Kastagnetten und Tamburin sich begleitend ihre lasziven Tänze aufführten, waren übel berüchtigt,[23]) sodaß Quintilian sagen konnte, man sähe da Dinge, die man auszusprechen sich schämen müßte,[24]) und Martial, derartige Tänze könnten selbst den zittrigen Peleus und den greisen Priamus in Aufregung bringen.[25]) Auch Musikanten zogen von Ort zu Ort: Lyra- und Kitharspieler und -Spielerinnen, Harfenistinnen, Flötenbläser, Sänger und Sängerinnen, selbst Hornbläser; Juvenal sagt von Emporkömmlingen, die früher solche cornicines gewesen waren, ihre aufgeblasenen Backen seien in allen Städten wohlbekannt.[26]) Und Märchenerzähler, wie sie heut noch im Orient auf den Straßen sich hören lassen, kannte das Altertum auch schon.[27])

Wenn sich die bisher genannten Gewerbe von denen der neueren Zeit zum Teil recht wesentlich unterscheiden, finden wir dagegen die stärksten Analogien zu denjenigen, die das vorführten, was die Griechen $\vartheta\alpha\acute{\nu}\mu\alpha\tau\alpha$, „Wunderdinge", nannten und worunter man alles inbegriff, was zum Sehen oder Hören merkwürdig oder außerordentlich war.[28]) Alle die Leute, die solche vorführten, Akrobaten, Seiltänzer, Gaukler, Tierbändiger, Taschenspieler usw., hießen daher $\vartheta\alpha\nu\mu\alpha\tau o\pi o\iota o\iota$[29]) oder $\vartheta\alpha\nu\mu\alpha\tau o\tau o\nu\varrho\gamma o\iota$,[30]) bisweilen auch, unserem Begriff „fahrende Leute" entsprechend, $\pi\lambda\acute{\alpha}\nu o\iota$.[31]) Bei den Römern heißen sie, vom Herumwandern benannt, circulatores.[32]) Sehen wir uns nun diese bunte Gesellschaft etwas näher an.

Da sind zunächst die „starken Männer" oder, wie sie sich heute noch gern nennen, die „Herkulesse", Männer mit ganz besonders großen Körperkräften und zum Teil auch von riesigem Körperbau. Den Beinamen „Herkules" legten sich manche schon im Altertum bei; so nach einem Fragment des Varro[33]) ein gewisser Rusticelius, der sein eigenes Maultier tragen konnte. Dieselbe Quelle nennt einen Fufius Salvius, der in jeder Hand ein Gewicht von zwei Zentnern tragend und mit ebensolchen die Schultern und Füße beschwert eine Leiter bestieg. Von einem gewißen Athanatos, der vermutlich anders hieß und sich den Namen „der Unsterbliche" selbst beigelegt haben mochte, berichtet Plinius,[34]) er sei Augenzeuge gewesen, wie er in einem bleiernen Harnisch von 500 Pf. Gewicht und ebenso schweren Kothurnen über die Bühne geschritten sei. Das beweist, daß solche Kraftmenschen sich auch im Theater sehen ließen. Martial[35]) nennt einen gewissen Masclion oder Masthlion, der auf seiner Stirn eine Stange mit schweren Gewichten balanzierte, und einen Linus, der sieben bis acht Knaben auf jedem Arm stehen ließ. Bei jenem kam zur Körperkraft noch die Geschicklichkeit hinzu; selbst der hl. Chrysostomus spricht seine Bewunderung darüber aus, wie einer auf seiner Stirn eine Stange so unbeweglich wie einen festgewurzelten Baum balanziert, auf deren Spitze Knaben Kunststücke machen;[36]) ein solcher Artist nannte sich κοντοπαίκτης, von der Stange (κοντός), die er balanzierte.[37]) Das sind Leistungen, wie sie ähnlich heute die sogen. „Parterre-Gymnastiker", nach dem Artistenjargon, bieten. Ähnlich ist, was Claudian beschreibt,[38]) wie eine Anzahl Akrobaten eine „Pyramide", wie man es heut nennt, bilden, indem sie sich wie Vögel aneinander in die Höhe schwingen; oben auf der Spitze balanziert ein Knabe, bis dann alle mit geschicktem Sprunge wieder auf dem Boden stehen, — ein Kunststück, das auch bei unsern Turnern sehr beliebt ist.

Zu den gewöhnlichsten Produktionen der heutigen Zirkuskünstler gehört das sich Überschlagen in der Luft. Griechen wie Römer haben für das Purzelbaumschlagen besondere Bezeichnungen: griechisch heißt es κυβιστᾶν,[39]) lateinisch cernuare.[40]) Daher hießen Kunstspringer, bei denen dies Überschlagen eine ihrer gewöhnlichsten Leistungen war, κυβιστητῆρες, — für unser Wissen die ältesten dieser Zunft, da sie schon bei Homer vorkommen;[41]) bei den Römern cernui oder cernuli.[42]) Die leichtesten Kunststücke waren das Kopfstehn,[43]) das Radschlagen,[44]) das auf den Händen Gehn, das ebenso wie das Radschlagen auf Vasenbildern von Satyrn ausgeführt wird;[45])

auf den Händen Gehende sind unter den Kleinbronzen häufig anzutreffen.⁴⁶) Schwieriger war es schon, wenn damit das Kunststück verbunden wurde, daß der auf den Händen Gehende mit den Zehen etwas ausführte. Dergleichen ist uns zwar nicht in den Schriftquellen überliefert, aber öfters auf Vasenbildern dargestellt, und zwar sind es durchweg Frauen, die im bloßen Lendenschurz oder mit enganliegenden Hosen bekleidet auf den Händen gehen und mit den über den Kopf nach vorn gestreckten Beinen verschiedenes vornehmen: das eine Mal⁴⁷) hält eine mit dem linken Fuß einen Bogen und schießt darauf einen mit dem rechten Fuß gehaltenen Pfeil ab; ein andres Mal⁴⁸) steht vor dem Mädchen eine Amphora, aus der es mit einem mit dem rechten Fuß gehaltenen Schöpflöffel Wein schöpft, um damit ein kleines, mit dem linken Fuß gehaltenes Gefäß zu füllen; oder ein nacktes Mädchen produziert sich so auf einem Tisch, indem es auf den Händen zu der auf dem Tisch stehenden Trinkschale herankriecht, um daraus zu trinken.⁴⁹) Das Kunststück, in der Luft einen Purzelbaum zu schlagen, zeigt ein etruskisches Wandgemälde;⁵⁰) der mit dem Kopf nach unten in der Luft Schwebende springt über einen am Boden halb knienden Mann hinweg; ein daneben stehendes Gerüst aus Baumästen ist in seinem Zweck nicht klar, für ein Sprungbrett, wofür man es erklärt hat, ist es zu steil. Zu diesen Kunststücken gehörten auch Körperverrenkungen aller Art, wie sie bei uns die sogen. Schlangen- oder Kautschuk-Menschen zeigen.⁵¹)

Aber besonders beliebt, — weil mit großer Gefahr verbunden und daher aufregend, — war das ἐς μαχαίρας oder εἰς ξίφη κυβιστᾶν, eine Art Schwertertanz, indem dabei die κυβίστησις inmitten spitzer Schwerter ausgeführt wurde.⁵²) Das konnte natürlich auch auf mancherlei Arten geschehen. Im Gastmahl des Xenophon springt die Tänzerin in einen mit Schwertern besetzten Reifen mit Kopfsprung hinein und heraus.⁵³) Auf einem Vasenbilde⁵⁴) geht eine mit einem Lendenschurz bekleidete Gauklerin auf den Händen, die Beine über den Kopf nach vorn gestreckt, einher; im Boden stecken drei Schwerter mit den Spitzen nach oben; zwei oberhalb angebrachte Bälle sind vielleicht als Andeutung aufzufassen, daß die Gauklerin während ihres gefährlichen Tanzes mit den Füßen mit Bällen jonglierte.[55]) Doch auch das eigentliche Tanzen zwischen Schwertern war üblich.[56]) Eine andere, besonders gefährliche Vorführung berichtet Philostrat[57]) von indischen Gauklern, die schon im Altertum großen Ruf genossen, wie heut noch: ein Knabe schwang sich hoch in die Luft, während gleichzeitig ein scharfer Pfeil ihm nachgeschleudert wurde; hoch oben schlug er einen Purzelbaum oberhalb des Wurfgeschosses.[58]) Wie weit man überhaupt den Begriff des κυβιστᾶν ausdehnte, zeigt ein merkwürdiges schwarzfiguriges Vasenbild des 6. Jahrhunderts.[59]) Es ist eine panathenäische Preisamphora, die auf der Vorderseite das übliche Bild der Athene zeigt; auf der Rückseite sieht man ganz rechts ein Gerüst, an dem ein junger Mann hinaufklettert; davor steht links ein Pferd mit Reiter, und hinter diesem ein kleinerer Mann mit Helm und Beinschienen, der mit dem einen Bein auf der Croupe, mit dem anderen auf dem Schwanzansatz des Pferdes steht und an jedem Arm einen Schild trägt. Hinter dem Pferde kommt ein zweites zum Vorschein. Unter dem Bauch des Pferdes ist ein Mann mit einer Hacke damit beschäftigt, den Boden etwas aufzulockern. Ob der Mann mit den Schilden auf beiden Pferden voltigiert, ist nicht deutlich, aber wohl möglich. Die Szene ist allem Anschein nach in der Arena eines Hippodroms gedacht: man sieht weiter links, im Durchschnitt gegeben, die Brüstung, die sie vom Zuschauerraum trennt; dahinter steht ein Flötenbläser, der die Produktion mit seiner Musik begleitet. Noch weiter links sind auf Stufen vier teils sitzende teils stehende Männer dargestellt, die begeistert die Hände ausstrecken; von dem Munde des einen geht die Inschrift aus κάδος τōι κυβιστειτōι, „der Topf dem Springer!" Das Gefäß ist auch deshalb von Interesse, weil man daraus ersieht, daß derartige Vorführungen auch bei den Spielen der Panathenäen stattfanden, da die panathenäischen Amphoren auf ihren Rückseiten in der Regel solche darstellten.

Die moderne Artisten-Terminologie unterscheidet Parterre-Gymnastiker und Trapezkünstler, d. h. solche, die an hohen Gerüsten, am schwebenden Reck u. dgl. arbeiten. Letzteren entsprechen bei Griechen und Römern die sogen. Petauristen.⁶⁰) Die Benennung kam von dem dazu benutzten Gerüst oder Brett, das πέταυρον (oder πέτευρον), petaurum hieß;⁶¹) ursprünglich bedeutet das die Stange, auf die sich die Hühner u. dgl. im Stalle setzen,⁶²) im weiteren Sinne ähnliche in der Höhe angebrachte Balken, zumal schmale und flache,⁶³) und im besondern das schwebende Reck der Akrobaten.⁶⁴) Davon hießen die daran arbeitenden Artisten, die in der griechischen Literatur selten, in der römischen häufig erwähnt werden, πεταυριστῆρες,⁶⁵) petauristae⁶⁶) oder petauristarii,⁶⁷) womit später in erweiterter Bedeutung nicht nur diese Petaurum-Künstler, sondern Gaukler überhaupt bezeichnet wurden. So bei Petron;⁶⁸) da kommt ein Petaurist vor,⁶⁹) der mit einer Leiter arbeitet, auf der ein Knabe hinaufklettern und oben durch Tanzbewegungen Gesang begleiten mußte; dann läßt er ihn durch brennende Reifen springen und mit den Zähnen eine Amphora halten. Die gebildeteren Gäste jenes Gastmahls, bei dem das eine Tischunterhaltung abgibt, sind davon nicht übermäßig entzückt; aber der Hausherr Trimalchio erklärt, Petauristen und Hornbläser seien ihm das liebste, die übrigen Unterhaltungen seien dagegen der reine Schund. Freilich fällt nachher der Knabe von der Leiter herunter und gerade auf Trimalchios Arm, es passiert ihm aber nichts und auch bei Trimalchio ist das Geschrei der Familie ärger als seine Verletzung. Bei ihm sind freilich die petauristarii wie alle andern Auftretenden, die Musiker, Sänger etc., seine Haussklaven; aber für gewöhnlich war es ein Beruf wie ein anderer. Meist wird bei den Leistungen am Petaurum das Springen und Fliegen hervorgehoben. So spricht Lucilius von mechanici, die vom hohen Petaurum aus springen.⁷⁰) Martial spricht von „zierlichen Wegen" des Petaurums, womit er jedenfalls auf dessen dünne und schlanke Form anspielt;⁷¹) nach der eingehenden Schilderung des Manilius⁷²) scheint es auch so geartet gewesen zu sein, daß zwei Akrobaten an einem Petaurum turnten, durch dessen Bewegung (es balanzierte vielleicht auf einem Bockgestell als lockerer Balken) bald der eine, bald der andere in die Höhe geschleudert wurde, und daß sie dabei durch brennende Reifen sprangen. Auch das Springen über Schwerter war manchmal mit dem πεταυρίζεσθαι verbunden.[73])

Mit diesen Trapezkünstlern und Fliegern, deren Gewerbe als höchst lebensgefährlich galt, teilten sich in die Beliebtheit beim Publikum die oft mit ihnen zusammengestellten Seiltänzer.[74]) Die Griechen nennen sie ganz entsprechend „Seilgeher", σχοινοβάται,[75]) das die Römer mit schoenobates übernommen haben;[76]) doch wird die lateinische Form funambulus bevorzugt.[77]) Daneben kommt bisweilen neurobates vor, womit vielleicht eine Spezialität bezeichnet wird, Seiltänzer auf besonders dünnem Seil.[78]) Für ihre große Beliebtheit, wenigstens beim römischen Publikum, spricht das bekannte Mißgeschick, das dem Terenz im Jahre 160 v. Chr. bei der ersten Aufführung seiner „Schwiegermutter" passierte und von dem er selbst im Prolog berichtet: es trat nämlich gleichzeitig eine Seiltänzerbande auf, und da lief das Volk aus dem Theater fort, um diese anzusehen, und die Vorstellung mußte, wie es scheint, abgebrochen werden. Wahrscheinlich kam die Kunst vom Orient her, speziell von Kleinasien; Juvenal hebt hervor, daß ein hungriges „Griechlein" sich zu allen möglichen, auch verachteten und gefährlichen Berufen eigne, und nennt darunter auch den des Seiltänzers. Ihre Kunst beschreibt ein lateinisches Epigramm[79]) folgendermaßen: „Auf untergestellten Balken werden hanfene Stricke ausgespannt, auf welche die gelehrige Jugend mit sicherem Schritt hinansteigt. Auf ihnen setzt der luftige Wandrer seine Füße vor, und auf einem kaum für Vögel bequemen Pfade läuft ein Mensch. Die Arme ausbreitend steuert er den Schritt durch's Leere, damit die Sohle nicht vom dünnen Strick ausgleite und falle." Andere Epigramme heben auch die Schmalheit des Seiles als besondere Schwierigkeit hervor; so lautet eines[80]): „Ich sah einen Menschen mit seinem Wege (in der Luft) hängen, und seine Sohle war breiter als sein Pfad"; und ähnlich ist das 95. Rätsel des Symphosius: „Zwischen dem lichten Himmel und der ruhenden Erde schreitet mitten durch die Luft mit geschickter Kunst ein Wandrer. Aber sein Pfad ist schmal und reicht nicht einmal für seine Füße hin." Man staunte die Kühnheit dieser Leute so an, daß die Redensart „auf dem Seile gehen" geradezu sprichwörtlich für besonders schwierige und gefährliche Leistungen wurde;[81]) öfters wird betont, daß ihr Weg sie immer dicht beim Tode vorbeiführt; daß ein leichtes Straucheln, eine Vernachlässigung des Gleichgewichts sie in die Tiefe schleudere.[82]) Manchmal mögen die Seiltänzer mit einem auch ihren modernen Berufsgenossen nicht unbekannten Trick ein Straucheln fingiert haben, um das Publikum, das dann Schreckensrufe ausstieß, noch mehr aufzuregen.[83]) Von Marc Aurel wird berichtet, er habe, als einmal ein Knabe vom Seil herabgestürzt war, angeordnet, daß bei diesen Produktionen Polster auf der Erde untergebreitet würden; später spannte man statt dessen Netze aus, wie das auch heut üblich ist.[84]) Die Artisten gingen auf ihrer schwanken Bahn vorsichtig und langsam;[85]) so schritten sie nicht nur auf dem gerade gespannten Seil, sondern auch aufwärts auf dem schrägen (wie heut auf dem sogen. „Turmseil")[86]) und ebenso, was für besonders schwer galt, hinunter.[87]) Das hieß catadromus;[88]) in den Digesten[89]) wird der Rechtsfall behandelt, wenn ein Sklave, der das Seiltanzen erlernt hat, von seinem Herrn weiterverkauft worden ist und auf das Geheiß seines alten Herrn, aber unter dem neuen Besitzer beim catadromus sich ein Bein bricht, ist dann der alte Herr, der es ihm geheißen, oder der neue dafür verantwortlich? Die Meinungen der Juristen hierüber gingen auseinander. — Auch mancherlei Erschwerungen kamen bisweilen zum Seillauf hinzu; so wenn der Läufer nicht, wie sonst wohl üblich war, barfuß oder mit dünnen Schuhen lief, sondern in Kothurnen.[90]) Ob sich auch die alten Seiltänzer schon einer Balanzierstange bedienten, ist ungewiß;[91]) ein sicherer Beleg läßt sich dafür

ht erbringen. Die Denkmäler geben darüber keinen Aufschluß, denn abgesehen von den unten erwähnten Münzen sind es fast nur pompejanische Wandgemälde, die uns Seiltänzer zeigen,[92]) sie sind aber größtenteils nicht Darstellungen wirklichen Seillaufens, wenn auch sicherlich durch solches inspiriert. Die Läufer sind nämlich in der Regel Satyrn, die Flöten blasend, Leier spielend, mit dem Thyrsos über der Schulter, aus Horn oder Weinkrug ein Trinkgefäß füllend, springend und oft in der Geberde von trunken Schwankenden auf den mit Guirlanden geschmückten Seilen balanzieren. Daß die Seiltänzer schon im Altertum nicht nur auf dem Seile liefen, sondern auch allerlei darauf verrichteten, gleich ihren heutigen Berufsgenossen, ist in der Tat mit Sicherheit anzunehmen, und darin mögen jene Satyrszenen Wirkliches darstellen.[93]) Sonst sind Darstellungen des Seiltanzens selten.[94]) Interessanter sind die Darstellungen auf Münzen von Kyzikos, die auf der einen Seite das Bild des Antoninus Pius oder der jüngeren Faustina oder des Caracalla, auf der anderen eine Seiltanzszene in verschiedenen, aber ähnlichen Fassungen zeigen.[95]) Auf zwei bockartigen Gerüsten, an denen zwei oder drei Männer stehen, um sie mit ihren Armen zu stützen, sind oben an der Spitze Gefäße, bald korbartig, bald großen Töpfen gleichend, aufgestellt, in denen sich hohe Zweige, Palmwedel oder dgl. befinden. Von jeder Spitze führt ferner ein Seil straff gespannt zum Boden schräg hinab; bei jedem Gerüst ist ein Mann das Seil hinaufgestiegen; sie sind der Spitze schon so nahe, daß sie die Hand nach den Zweigen, die offenbar Siegespreise oder Siegeszeichen waren, ausstrecken. Was sie in der anderen Hand halten, wird in der Regel als Balanzierstange erklärt, deren die Seiltänzer nicht mehr bedürften, weil sie schon am Ziele angelangt seien, aber dafür sind sie entschieden zu kurz, und Imhoof-Blumer erkennt wohl mit Recht darin Fackeln. Die regelmäßige Wiederholung dieser Darstellung läßt darauf schließen, daß das Seiltanzen einen stehenden Bestandteil eines Festes bildete.[96]) Seltener werden die Stelzenläufer erwähnt. Sie heißen bei den Griechen καλοβάται[97]) oder κωλοβαθρισταί,[98]) nach den Stelzen, die κᾶλα hießen[99]) oder κωλόβαθρα;[100]) bei den Römern hießen sie nach den (von den großen Schritten benannten) Stelzen, den grallae,[101]) grallatores.[102]) Es handelte sich dabei um sehr hohe Stelzen, mit denen weite Schritte gemacht wurden,[103]) das Stelzenlaufen galt daher als eine gefährliche Sache.[104])

Ein besonderes, nur selten erwähntes Kunststück war das Mauerlaufen. Ein solcher τειχοβάτης[105]) brachte es fertig, vermittelst spitzer Steigeisen eine senkrechte Mauer hinaufzuklettern.[106])

Wie die Seiltänzer, so konnten bis in die Neuzeit hinein auch die Kunstreiter zu den fahrenden Leuten gerechnet werden.[107]) Auch deren Künste sind alt,[108]) wenn sie auch im Altertum weniger raffiniert gewesen zu sein scheinen als die der modernen. Das beliebteste Spiel war das Springen von einem Pferderücken zum andern, das schon Homer erwähnt,[109]) das aber besonders bei den Römern beliebt war, wo diese Künstler desultores hießen;[110]) griechisch kommen die Bezeichnungen μεταβάτης[111]) und ζεύξιππος[112]) vor. Diese gehörten aber zu den stehenden Aufführungen bei den Zirkusspielen, und es ist kaum anzunehmen, daß solche Schauspiele auch von herumziehenden Truppen vorgeführt wurden. Daß diese Kunstreiter aber auch noch andere Leistungen aufwiesen als die angeführten, zeigen Stellen wie bei Silius Italicus, der das Liegen auf galoppierendem Pferde erwähnt,[113]) oder des Firmicus Maternus, der den Sprung über vier Pferde, militärische Evolutionen auf dem Pferderücken u. dgl. anführt.[114])

Wir wenden uns nun einer anderen Klasse fahrender Leute zu, bei deren Leistungen es mehr auf große manuelle Geschicklichkeit ankam. Da sind in erster Linie die verschiedenen Arten von Jongleuren zu nennen (ein ganz entsprechendes deutsches Wort dafür gibt es ebensowenig wie eine griechische oder lateinische Bezeichnung), zunächst solche, die mit allerlei Gegenständen in größerer Zahl jonglierten und bei den Römern (ein griechisches Wort dafür ist auch nicht bekannt) pilarii, wenn sie mit Bällen spielten, oder allgemeiner ventilatores hießen.[115]) Die Kunstfertigkeit der pilarii,[116]) die auf Inschriften manchmal genannt sind,[117]) war, wie die Denkmäler zeigen, auch den

Griechen nicht unbekannt. Auf griechischen Vasenbildern sehen wir häufig Frauen, die sitzend mit mehreren Bällen zugleich spielen;[118]) das können freilich auch griechische Damen sein, da diese das Ballspiel seit den Zeiten der Nausikaa einzeln und in Gesellschaft sehr liebten und sich auch auf künstliche Spielarten verstanden; daß aber auch Gauklerinnen von Beruf sich darin sehen ließen, geht daraus hervor, daß eine solche Ballkünstlerin auf einem oben erwähnten Vasengemälde[119]) mit einer die κυβίστησις vorführenden Artistin verbunden ist. Auf römischen Denkmälern sehen wir Knaben oder Jünglinge in noch schwierigerer Art mit Bällen jonglieren. Auf einem Diptychon im Museum zu Verona[120]) läuft ein Knabe auf einem Bein, mit Bällen spielend: er hält einen in jeder Hand, einer schwebt in der Luft, je einer liegt auf dem Kopf, auf dem rechten Arm, auf dem linken Fuß und auf der rechten, erhobenen Wade. Ebenfalls mit sieben Bällen spielt ein Mann auf einem Relief des Museums in Mantua;[121]) in jeder Hand hält er einen, über jedem seiner Füße, von denen der linke erhoben ist, schwebt ein Ball und drei über ihm in der Luft. Die Denkmäler sind wie eine Illustration zur Schilderung des Manilius, der diese Produktionen folgendermaßen beschreibt:[122]) „Jener versteht es, den fliehenden Ball mit der schnellen Sohle zurückzuwerfen, mit den Füßen Handarbeit zu tun, mit dem Fußball zu spielen, mit beweglichen Armen die geschwinden Stöße zu häufen; jener ist imstande, mit einer Menge von Bällen seine Glieder zu überschütten, die flüchtigen Handflächen über den ganzen Körper zu verteilen, sodaß er so viele Kugeln empfängt und wieder von sich abspringen läßt, gleichsam als hätten sie von ihm selbst fliegen gelernt." Manchmal wurden diese Jongleurkünste, die sowohl im Theater vorgeführt, als in den für Ballspiel besonders eingerichteten Thermen gezeigt wurden,[123]) noch dadurch erheblich erschwert, daß mit gläsernen Bällen gespielt wurde, die beim Fallen auf dem Boden zerbrachen.[124]) Die Jongleurin, die im Gastmahl des Xenophon auftritt, schleuderte tanzend zwölf Ringe in die Luft und fing sie wieder auf.[125]) Martial besingt[126]) einen Knaben namens Agathinus, der im Theater auf einem Gerüst mit einem runden Schilde jonglierte, den er in die Luft warf und mit Fuß oder Rücken oder Kopf auffing, ohne sich durch die Schlüpfrigkeit des vom ausgesprengten Saffranwasser nassen Podiums oder durch starken Wind irgend stören zu lassen; alle Glieder des Körpers waren am Spiel beteiligt und nie fiel ihm der Schild zu Boden. Gefährlicher war das Jonglieren mit brennenden Fackeln[127]) oder mit spitzen Messern, die am Griff aufgefangen wurden.[128]) Indische Gaukler führten schon im Altertum das Kunststück vor, das auch in unseren Tagen chinesische und japanische zeigen, daß sie rings um eine an eine Bretterwand gestellte Person Messer warfen, die haarscharf neben Kopf und Körper ins Holz sausten.[129]) Harmloser, aber nicht leichter war das Kunststück, das ein Jonier in Babylon sehen ließ: er warf kleine Kügelchen aus Weizenteig aus größerer Entfernung so geschickt nach einer senkrecht aufgestellten Nadel, daß sie auf deren Spitze aufgespießt wurden.[130])

Ein eigentümliches, unsern modernen Artisten unbekanntes Kunststück wird noch in dem schon mehrfach zitierten Gastmahl des Xenophon erwähnt:[131]) als nämlich da eine Töpferscheibe unter den Apparaten der kleinen Künstlertruppe hereingebracht wird, sagt Sokrates, derlei Sachen, wie zwischen Messern auf den Händen gehn und Purzelbäume schlagen, gehören eigentlich nicht zur Unterhaltung gebildeter Leute; und das Schreiben und Lesen auf einem sich drehenden Töpferrade sei zwar etwas Merkwürdiges, aber was das für ein Vergnügen bereite, vermöchte er nicht einzusehen. Das Kunststück bestand also darin, daß jemand nicht nur eine Schrift, die auf der schnell sich drehenden Scheibe lag, las, sondern sogar selbst schrieb. Sonst wird dergleichen nicht erwähnt, es müßte denn sein, daß das τροχοπαικτεῖν, das im Traumbuch des Artemidor zusammen mit Schwertertanz und ἐκκυβιστᾶν erwähnt wird,[132]) sich darauf bezieht, was aber deshalb ungewiß ist, weil τροχός auch einen Reifen bedeutet und daher auch ein Spielen oder Jonglieren mit solchen gemeint sein könnte.

Oft erwähnt werden in der Literatur auch die **Taschenspieler** oder, wie man sie besser bezeichnet, da die Alten ja keine Taschen an ihren Kleidern hatten, die **Zauberkünstler**. Da ein Hauptkunststück von ihnen war, kleine Steinchen oder Steinkügelchen (ψῆφοι) verschwinden zu lassen, so nannten sie die Griechen ψηφοπαῖκται[133]) oder ψηφοκλέπται[134]) oder ψηφολόγοι.[135]) Bei den Römern heißt der Zauberkünstler praestigiator,[136]) von praestigia, Blendwerk.[137]) Sie bedienten sich zu ihren Kunststücken kleiner Becher oder Schüsselchen;[138]) wie sie dabei verfuhren, erzählt bei Alkiphron ein Landmann in einem Briefe seinem Freunde daheim. Er hatte auf seinem Esel Früchte in die Stadt gebracht und ging dann zur Erholung ins Theater. Was er da sonst gesehn, dessen erinnere er sich nicht mehr genau, aber bei einer Produktion sei er geradezu ganz verblüfft und sprachlos gewesen. Da trat einer auf und stellte auf ein dreifüßiges Tischchen drei kleine Schüsseln; unter diese legte er weiße runde Steinchen, etwa wie Flußkiesel. Und nun waren diese bald je eines unter jeder Schüssel,[139]) bald zeigte er sie Gott weiß wie unter einer einzigen Schüssel, bald ließ er sie überhaupt ganz von den Schüsseln verschwinden und zeigte sie im Munde; dann schluckte er sie herunter, ließ die ihm nahe Stehenden in die Mitte treten und nahm die Steinchen eins einem aus der Nase, ein anderes aus dem Ohr und ein anderes aus dem Kopf heraus, und kaum hatte er sie genommen, da waren sie wieder fort. Der biedere Landmann schließt seine Beschreibung damit, dieser Kerl dürfe ihm nicht auf seinen Bauernhof kommen, der würde alles dort verschwinden machen.[140]) Diese Beschreibung zeigt, daß solche Taschenspieler auch im Theater auftraten, jedenfalls in der Orchestra, sodaß das Publikum sich um sie sammeln konnte. Die Bewohner von Histiaia (auf Euboia, später Oros) ehrten sogar den Zauberkünstler Theodoros durch eine im Theater aufgestellte Erzstatue, die ihn mit einem solchen Steinchen in der Hand darstellte.[141])

Auch **Feuerfresser** kannte das Altertum, oder richtiger Feuerspeier. Bei der Hochzeit des Karanos, eines Feldherrn

Alexanders d. Gr., traten außer Schwerttänzerinnen auch nackte Dirnen auf, die Feuer aus dem Munde bliesen;[142]) ein Kunststück, das auch zu betrügerischen Zwecken benutzt wurde. Bei einem Sklavenaufstand, der sich in Sizilien in der Mitte des zweiten Jahrhunderts v. Chr. ereignete, verstand sich einer der Anführer, ein syrischer Sklave namens Eunus, darauf und benutzte das, um dadurch seine göttliche Sendung zu erweisen. Wenn er den Seinigen in einer Ansprache neuen Mut einflößen wollte, ließ er plötzlich Feuer aus seinem Munde gehn. Die Historiker, die das berichten,[143]) geben an, er habe sich dazu einer an beiden Enden durchbohrten hohlen Nuß bedient, die mit einem glimmenden Stoff gefüllt war; er habe so, indem er hineinblies, bald bloße Funken bald Feuer aus dem Munde gespien. Daß dies Feuerspeien ein beliebtes Mittel war, bei der Menge abergläubische Furcht zu erregen, geht auch daraus hervor, daß unter Hadrian der jüdische Aufrührer Bar Kochba, der sich für den Messias ausgab, Feuer aus dem Munde blies; doch bediente sich dieser, wie die modernen „Feuerfresser", dafür einer aus Hanf oder Werg gemachten Kugel, die glühend mit Flachs umwickelt wurde und sich so eine Zeitlang inwendig glimmend erhielt.[144])

Ein anderes Zauberstück war, daß jemand nach Belieben verschiedene Flüssigkeiten, wie Wein und Milch, anscheinend aus dem Munde herausbrachte, was unter Benutzung in der Kleidung verborgener Blasen mit diesen Flüssigkeiten geschah.[145]) Auch Leute, die spitze Nägel verschluckten oder die Schuhe zerkauten und aßen, ließen sich sehen.[146])

Ferner gab es schon in alter Zeit, was wir Degenschlucker nennen. Als der Athener Demades darüber spottete, daß die Schwerter der Spartaner so kurz seien, daß sie ein Zauberkünstler im Theater leicht verschlucken könne, erwiderte Agis: „Und doch erreichen wir mit diesen Dolchen sehr gut unsre Feinde."[147]) Anstatt eines Schwertes wurde wohl auch ein Speer verschluckt, soweit dies möglich war. Apuleius beschreibt uns eine solche Produktion sehr anschaulich.[148]) Vor der bunten Halle in Athen ließ sich ein circulator sehen, der ein sehr spitzes Reiterschwert in den Schlund versenkte; nachdem er dafür Geld bekommen, machte er in der Hoffnung auf weitere Einnahmen ein noch schwierigeres Kunststück: er ließ sich nämlich einen langen Jagdspieß mit der Spitze in den Schlund und Magen gleiten; an dem aus dem Munde herausragenden Ende des Schaftes kletterte ein Knabe in die Höhe und vollführte daran schlangenartige Bewegungen.

Zu den fahrenden Leuten gehören heute noch die Vorführer von dressierten Tieren, bald in größeren Mengen, wie Menagerien, Affen- und Hundetheatern, bald einzeln wie die mit Tanzbären, Kamelen und Affen Herumziehenden. Eben solches war auch im Altertum üblich.[149] Isokrates erwähnt,[150] daß man alljährlich unter den θαύματα sehen könne, wie sich die Löwen gegen ihre Wärter freundlicher benehmen, als oft die Menschen gegen ihre Wohltäter, daß Bären miteinander ringen und menschliche Verrichtungen nachahmen. Zahme Löwen führten auch die wandernden Bettelpriester der großen Mutter, von denen unten noch die Rede sein wird, mit sich.[151] Bei den Römern wurden gezähmte wilde Tiere und allerlei abgerichtete, sowohl wilde wie Haustiere, vornehmlich in den Amphitheatern gezeigt,[152] sodaß das Bändigen und Dressieren von Tieren zu einem eigenen Beruf geworden war.[153] Plutarch[154] führt sprechende Raben an, Hunde, die durch sich drehende Reifen springen, Pferde und Rinder, die tanzen und andere Kunststücke machen. Über die Mannigfaltigkeit derartiger Produktionen, über die zahlreichen Arten der dressierten Tiere liegt eine solche Fülle von Angaben vor, daß hier auf eine Aufzählung im einzelnen verzichtet werden muß, umsomehr als es sich hier wohl in den wenigsten Fällen um fahrende Leute handelt, vielmehr die Tiere eigens für die Schaustellungen im Amphitheater gefangen und abgerichtet wurden. Immerhin mag einiges herausgehoben werden, wo es sich vielleicht hier und da um wandernde Tierbändiger handelt. Von der Abrichtung der Elephanten wird uns allerlei berichtet;[155] zu den merkwürdigsten Vorführungen gehörten die auf dem Seil gehenden, die den oben erwähnten catadromus zeigten, d. h. auf dem Turmseil gingen. Solche seiltanzende Elephanten hatte zum ersten Male Galba als Prätor bei den Floraspielen auftreten lassen;[156]) dann wieder Nero bei Spielen im Jahre 59,[157]) wobei statt des sonst als Kornak das Tier lenkenden Negers[158]) ein römischer Ritter auf seinem Rücken saß.[159]) Dieser κατάδρομος eines Elephanten[160]) fand aber sicherlich nur im Amphitheater statt und gehörte zu den Spezialitäten der kaiserlichen Schauspiele. Dagegen mögen die Besitzer dressierter Affen mit diesen herumgezogen sein, wie man aus den zahlreichen Erwähnungen solcher, die allerlei Kunststücke machten, Theater spielten u. dgl.,[161]) schließen möchte, obschon auch in Betracht zu ziehen ist, daß zahme Affen als Haustiere in Griechenland wie in Rom sehr gewöhnlich waren. Selbst dressierte Schweine wurden von fahrenden Leuten vorgeführt.[162]) Ganz besonders häufig aber waren im Altertum, wie im heutigen Orient und Ägypten, die Schlangenbändiger.[163]) Gewisse afrikanische Stämme galten als besonders beanlagt dafür, die Schlangen zu „beschwören" und unschädlich zu machen, ohne daß ihre Giftzähne entfernt wurden,[164]) zumal die Psyllen, deren Immunität gegen Schlangenbisse ein allgemein verbreiteter Glaube war.[165]) In Europa aber genossen die Marsen den Ruf kundiger Schlangenbändiger,[166]) wobei sie sich einschläfernder Gesänge bedienen sollten.[167]) — Produktionen der Art kommen auch auf Denkmälern hier und da vor. Zwar wird man die auf Vasenbildern vorkommenden zahmen Affen[168]) für Haustiere zu halten haben; doch wenn auf einem pompejanischen Wandgemälde[169]) ein Knabe einen mit einer Kapuzenjacke bekleideten Affen unter Anwendung der Peitsche tanzen läßt, so ist damit gewiß eine öffentliche Vorführung gemeint. An eine solche kann man auch wohl denken, wenn auf einem Wandgemälde[170]) eine mit einer Glocke am Halse versehene Giraffe von einem Jüngling in Sklaventracht an langer Halfter geführt wird. Auf einer römischen Lampe des Britischen Museums[171]) sitzt ein junger Mann mit gespreizten Beinen, in der Linken hält er einen kurzen Stock, in der Rechten einen undeutlichen Gegenstand; am Boden liegen ein Topf, ein Ball und anderes; links neben ihm legt ein langschwänziger Affe seine eine Pfote ihm auf den rechten Arm; rechts klettert ein anderes Tier, das als Katze oder Wiesel bezeichnet wird,[172]) eine Leiter hinauf. Zwei oberhalb angebrachte Reifen deuten jedenfalls darauf hin, daß die dressierten Tiere durch sie springen sollten.

Zu den beliebten ϑαύματα gehörte sodann bei Griechen wie Römern die Vorführung von Marionetten.[173]) Nach den Schnüren oder Darmsaiten, an denen diese Puppen in Bewegung gesetzt wurden, hießen sie bei den Griechen νευρόσπαστα;[174]) bei den Römern haben sie keinen besondern Namen.[175]) Die älteste Erwähnung findet sich bei Xenophon, in dessen Gastmahl der oben schon öfters erwähnte syrakusanische Gaukler von seinen Marionetten sagt, daß er von deren Vorweisen sich ernähre.[176]) Diese Figürchen waren von Holz gearbeitet[177]) und so geschickt konstruiert, daß ihre Bewegungen von einem einzigen Faden aus reguliert werden konnten, der Kopf, Arme und Beine und Augen in Bewegung setzte.[178]) Sonst erfahren wir nicht viel Näheres über die Marionettentheater;[179]) erwähnt mag noch werden, daß Antiochos IX. von Syrien (gen. Kyzikenos), der eine besondere Vorliebe für alle Arten von ϑαυματοποιοί hatte, namentlich mit Marionetten sich abgab und selbst solche von fünf Ellen Höhe, die versilbert und vergoldet waren, in Bewegung setzte.[180]) Wie beliebt diese Aufführungen auch sonst waren, darf daraus geschlossen werden, daß die Athener dem Marionettenspieler (νευροσπάστης) Potheinos gestatteten, seine Vorstellungen im Theater zu geben, „auf derselben Bühne", fügt der Erzähler entrüstet hinzu, „von der aus die Stücke des Euripides begeisterten".[181]) Ihre sonstige ziemlich häufige Erwähnung verdanken die Marionetten aber wesentlich dem Umstand, daß die Philosophen,[182]) besonders die Stoiker,[183]) die Menschen, die von ihren Leidenschaften oder von fremdem Willen regiert werden, mit den Marionetten vergleichen, worin ihnen dann die christlichen Kirchenväter folgen.[184])

Daß auch Automatentheater mit Vorführung sich von

selbst bewegender Figuren, Vorführung von Tänzen, Seefahrten u. a. m. als Sehenswürdigkeiten beliebt waren, zeigt die noch erhaltene Schrift des Alexandriners Heron mit genauer Anweisung zu ihrer Herstellung.[185])

Nur teilweise scheinen zu den fahrenden Leuten gerechnet werden zu dürfen die berufsmäßigen Spaßmacher, die bei den Griechen γελωτοποιοί, bei den Römern derisores, scurrae, moriones hießen;[186]) denn diese gingen zwar, wie die Parasiten der Griechen, mit denen sie oft identisch sind, von Haus zu Haus, von Mahlzeit zu Mahlzeit, um mit dem Lohn für ihre Späße ihr Leben zu fristen, aber für gewöhnlich nicht von Ort zu Ort.[187]) Immerhin gab es unter diesen Leuten solche, die mit gewissen besondern „Attraktionen", wie man heut zu sagen pflegt, sich auf Markt und Straße hören ließen und gewiß auch auf die Wanderschaft gingen. Das gilt zumal von den Tierstimmen-Nachahmern. Am beliebtesten war das Nachahmen von Vogelstimmen. Als sich einmal einer, der eine Nachtigall nachzuahmen wußte, vor Agesilaos hören ließ, meinte dieser trocken: „Ich habe die Nachtigall schon selbst gehört."[188]) Petrons Trimalchio, der solche Spezialitätenkünstler unter seinen Sklaven hat, besitzt auch einen, der eine Nachtigall nachmacht;[189]) andere wußten das Gackern der Henne, das Krächzen des Raben nachzuahmen[190]) oder das Grunzen eines Schweines.[191]) Einen ganz besonders geschickten Nachahmer preist ein Epigramm des Ausonius:[192]) er machte das Bellen der Hunde, das Wiehern der Pferde, das Meckern der Ziegen und Schafe, das Schreien der Esel, das Krähen des Hahns, das Krächzen des Raben nach, — nur die klare menschliche Stimme, schließt das Epigramm, besaß er nicht. Das ging so weit, daß ein gewisser Theodoros dadurch bekannt wurde, daß er das Geräusch einer Winde (τροχιλία) nachahmte.[193]) Auch Bauchredner waren schon im Altertum bekannt; man nannte sie ganz entsprechend ἐγγαστρίμυθοι,[194]) und zur Zeit des Aristophanes war ein gewisser Eurykles deswegen so bekannt, zumal er damit Wahrsagerei verband,[195]) daß nach ihm solche wahrsagende Bauchredner sich Eurykleiden nannten[196]) und die

Athener ihm sogar im Theater eine Statue neben der des Aischylos errichteten.[197]) Diese Verbindung von Wahrsagen und Bauchrednerei war so gewöhnlich, daß für Wahrsager, Hexen u. dgl. in hellenistischer Zeit der Name ἐγγαστρίμυϑοι ganz üblich wurde.[198])

Auch Wahrsager, Traum- und Zeichendeuter übten ihren Beruf vielfach im Umherziehen aus,[199]) obschon auch viele dieser auf die Leichtgläubigkeit des Publikums, zumal der Frauen, spekulierenden Betrüger dauernde Wohnsitze hatten und in volkreichen Städten ihre ausreichende Nahrung dadurch fanden.[200]) Diese Wanderpropheten nannten sich mit Vorliebe, unbeschadet ihrer Herkunft, Chaldäer, weil die Sternverehrung, die astronomischen Kenntnisse und der astrologische Wunderglaube der Bewohner Mesopotamiens sehr stark auf die Phantasie der Griechen und Römer einwirkte.[201]) Selbstverständlich waren die meisten Betrüger; schon der alte Cato warnte vor ihnen,[202]) und im Jahre 139 v. Chr. wies der Senat das zahlreiche Gelichter dieser Pseudo-Chaldäer aus der Stadt,[203]) ohne daß dadurch dem Unfug auf die Dauer gesteuert wurde, denn sie fanden immer wieder Unterstützung und Glauben, selbst bei hervorragenden Persönlichkeiten. In den ersten Jahrhunderten der Kaiserzeit machten Tausende von solchen „Chaldäern" als Wahrsager, Wetterpropheten, Zeichendeuter[204] u. a. m. glänzende Geschäfte; in den Provinzen konnten sie, wenn sie bei Erdbeben und andern Unglücksfällen Sühnemaßregeln angaben, geradezu verderblich wirken.[205]) Namentlich wer ein Geschäft oder eine Reise oder dgl. vorhatte, holte sich bei ihnen Rat. Ein amüsantes Beispiel dafür findet sich bei Apuleius.[206]) Der Erzähler Lucius berichtet da seinem Gastfreunde Milo, es sei bei ihnen in Korinth bisweilen ein Chaldäer erschienen, der durch seine wunderbaren Antworten die ganze Stadt in Aufregung gebracht und viel Geld damit verdient habe, daß er den Leuten angab, wann sie den Hochzeitstag festsetzen sollten oder die Grundsteine für einen Hausbau legen oder ein Geschäft abschließen oder eine Reise antreten sollten. Da stellt sich nun heraus, daß derselbe Mann auch bei ihnen in Thessalien gewesen ist und daß ihm da ein sehr fatales Mißgeschick passiert ist. In der Stadt Hypata nämlich, erzählt Milo, erteilte er auch auf dem Markte Weissagungen gegen gutes Honorar und bestimmte unter anderem einem Kaufmann den Tag, an dem er seine Reise antreten sollte. Während nun dieser sich anschickt, ihm dafür 100 Denare auszuzahlen (damals etwa 30 Mark, also ein recht einträgliches Geschäft!), tritt ein junger Mann an den Wahrsager heran und zupft ihn am Mantel: es ist der Bruder des Chaldäers (der übrigens Diophanes heißt, also ein Grieche ist), der ihn nun befragt, wie es ihm seit der Ausfahrt von Euboia auf seiner Reise zu Wasser und zu Lande ergangen sei. Da fängt der Unselige, seinen Beruf gänzlich vergessend, an zu erzählen, wie miserabel es ihm ergangen sei: das Schiff sei in einen furchtbaren Sturm geraten, sie hätten Schiffbruch gelitten, mit größter Mühe sich ans Land gerettet, und als sich hier gute Leute ihrer annahmen und ihnen einiges zukommen ließen, da fielen sie in die Hände von Räubern, die ihnen das alles wieder abnahmen und sogar den Bruder, der bei ihm war, ermordeten. Während dieser Erzählung packt der Kaufmann das dem Wahrsager bestimmte Geld wieder ein und macht sich davon, Diophanes aber merkt erst jetzt, welch unglaubliche Dummheit er begangen hat.

Auch als Wunderdoktoren und Charlatane betätigten sich diese Chaldäer oder Babylonier, wie sie sich auch gern nannten. In Lukians „Lügenfreund", wo allerdings allerlei höchst wunderbare Geschichten erzählt werden, berichtet ein von ihren Leistungen völlig Überzeugter,[207]) wie ein solcher einen von einer Viper Gebissenen dadurch heilt, daß er ihm an den Fuß ein Steinstückchen bindet, das er von der Grabstele eines Mädchens abgeschlagen hat, worauf der Kranke, der schon ganz geschwollen war, sofort aufsteht und vergnügt davongeht. Derselbe „Babylonier" hatte durch seine Künste, durch das Aussprechen von sieben heiligen Worten aus einem alten Buch und durch Räuchern mit Fackel und Schwefel das ganze Ungeziefer einer Gegend, Schlangen, Vipern, Kröten u. dgl. m., vertrieben. Sie krochen alle aus ihren Löchern heraus, bloß eine alte Schlange blieb zurück, weil sie schon zu schwach war; da schickte der Zauberer eine junge Schlange als Boten an sie ab, worauf sie sich dann richtig auch einstellte. Dann blies der Mann die ganze Gesellschaft an, worauf sie total zu Asche verbrannte. Man merkt hier den Spötter Lukian, aber der Spott wäre frostig, wenn es nicht wirklich Leute gegebe hätte, die den Chaldäern solches zutrauten. Auch die Ver käufer von Heilmitteln, die φαρμακοπῶλαι, priesen ihre War auf offenem Markte an; es ist ebenfalls Lukian, der von einer solchen erzählt,[208]) daß er ein ausgezeichnetes Mittel zum Verkauf anbot, durch das sofort der Husten beseitigt werde, und der dabei selbst mitten in seinem Ausrufen von heftigem Husten geschüttelt wurde.

Mit den letztgenannten, den Wahrsagern, Kurpfuschern usw., in naher Berührung waren die zuletzt noch als fahrende Leute zu besprechenden Bettelpriester,[209]) für die die Griechen den von ihrem Geldeinsammeln entnommenen Namen ἀγύρτης geprägt haben,[210]) womit all solches Gesindel, das bettelt und Gaben heischt, das marktschreierisch auftritt und Zuschauer um sich sammelt, bezeichnet wird.[211]) Meist waren es Anhänger von Mysterien, wie die Orpheotelesten,[212]) oder von orgiastischen Kulten, wie die Priester der Großen Mutter, die Metrogyrten, die truppweise mit dem Götterbild durch's Land zogen, in den Dörfern Halt machten, um in bunten Gewändern und mit greller Musik ihre ekstatischen Tänze aufzuführen und dafür Geld einzusammeln, womit dann oft Orakel erteilen, Wahrsagen, Verkauf von Zaubermitteln, oft aber auch Orgien schlimmster Art verbunden waren; dafür bekamen sie dann teils Gaben in Geld teils solche in Naturalien, wie Feigen, Käse, Wein etc.[213]) Diese Bettelpriester trieben ihr Unwesen vornehmlich in den Provinzen, in Italien waren sie durch Vorschriften eingeschränkt.[214])

Eine, freilich etwas unvollkommene bildliche Darstellung des Treibens der Agyrten hat sich erhalten in einer Wandmalerei des Columbariums der Villa Pamfili in Rom.[215]) Um ein kleines Götterbild, das am Boden steht, führen einige Agyrten lebhaft bewegte Tänze auf, wozu einer, auch im Tanzschritt hüpfend, die Doppelflöte bläst; Zuschauer stehen dabei, denen ein Agyrt seine Kappe zum Hineinwerfen milder Gaben entgegenstreckt. Etwas entfernt steht ein Panther oder derartiges Tier; solche gezähmte und abgerichtete Tiere pflegten diese Bettelpriester mit sich zu führen.[216])

Zum Schluß noch einige allgemeine Bemerkungen. Von den im vorhergehenden besprochenen fahrenden Leuten, besonders aber von den ϑαυματουργοί, waren, auch in der Römerzeit, die Mehrzahl Griechen. Namentlich die für Schaustellungen aller Art sehr eingenommenen Städte Kleinasiens und Syriens, wie Mytilene, Kyzikos, Antiocheia, sowie von Unteritalien und Sizilien, besonders Tarent und Syrakus, waren ihre Heimat. Wie die Graeculi der Kaiserzeit in allen Sätteln gerecht und daher auch gerade für solche Berufe geschickt waren, lehrt eine bekannte Stelle des darüber stark erbitterten Juvenal.[217]) Manche der Künste, die sie betrieben, waren ihnen von Ägypten und Indien überkommen, namentlich letzteres, wo die Gaukler eine besondere Kaste bildeten, war die eigentliche Heimat solcher Künste, die dort großes Ansehen genossen; bei der Hochzeit Alexanders d. Gr. in Persepolis trugen die indischen ϑαυματοποιοί den Sieg über alle andern davon.[218]) Ihr Beruf war freilich in Griechenland wie in Rom verachtet, was aber nicht hinderte, daß Berühmtheit damit verbunden war und ihnen solche Ehrungen, wie Aufstellung einer Statue, zu Teil werden konnten, wie wir oben sahen. Manche Fürsten, namentlich unter den Diadochen, hatten besondere Vorliebe für derartige Produktionen und hielten sich eigene Hofkünstler dafür,[219]) ja manche Feldherren nahmen solche Leute sogar auf ihre Feldzüge mit.[220]) Die herumziehenden Artisten suchten am meisten die großen Volksfeste auf, da diese ja zugleich eine Art von Messen und großen Belustigungen waren und sie hier auf viel Publikum rechnen durften;[221]) namentlich fanden sie sich zu den Versammlungen der Amphiktyonen in Pylai ein, sodaß ihr Treiben sogar darnach πυλαία benannt wurde;²²²) aber auch sonst, wo öffentliche oder private Festlichkeiten, namentlich große prunkvolle Hochzeitsfeiern stattfanden, säumten sie nicht sich einzustellen oder wurden von den Veranstaltern derselben eigens dafür engagiert.²²³) Wie sie sonst herumzogen, dafür haben wir im vorhergehenden manche Belege und Schilderungen gefunden; in der Regel gaben sie ihre Kunststücke oder sonstigen Leistungen in Dorf oder Stadt auf dem Marktplatz zum besten, wo sie sich am freiesten bewegen und am besten gesehen werden konnten,²²⁴) wenn sie nicht dafür das Theater zur Benutzung erhielten, wofür wir oben auch allerlei Beispiele gefunden haben,²²⁵) da zumal Trapezkünstler, Seiltänzer u. dgl. vielfach auf Benutzung von Mauern und hohen Bauten angewiesen waren. Sonst schlugen sie wohl auf dem Markte oder der Straße ein Brettergerüst auf, um sich da zu produzieren;²²⁶) daß sie Bretterverschläge aufführten, oberhalb deren sie ihre Künste zeigten, wissen wir aus einer Stelle des Plato.²²⁷) Daß sie dabei das Publikum haranguierten, ihre Leistungen marktschreierisch verkündeten, ist selbstverständlich; und wie heute dabei allerlei Späße oft derbster Art gemacht und, um Gelächter hervorzurufen, dem Publikum allerlei Schnödigkeiten gesagt werden, so war es auch schon in alter Zeit.²²⁸) Vom Einsammeln endlich und den dabei gespendeten Kupfer- oder Silbermünzen ist auch manchmal die Rede, und daß es da auch im Altertum schon die bekannten „Drückeberger" gegeben hat oder „Zaungäste", scheint aus einer Stelle Theophrasts hervorzugehen.²²⁹) In welcher Weise diese Artisten mit ihren Apparaten, Kostümen, Tieren usw. von Ort zu Ort zogen, ist uns freilich, die Metragyrten ausgenommen, nicht überliefert: die heut noch von Markt zu Markt, von Kirchweih zu Kirchweih rollenden grünen Wagen scheinen dem Altertum unbekannt gewesen zu sein.²³⁰)

Anmerkungen.

[1]) Zur Literatur vgl. man die Zusammenstellungen in den Handbüchern: Hermann-Blümner, Griechische Privataltertümer 503 f. Marquardt-Mau, Privatleben der Römer 338. Blümner, Römische 'ivataltertümer 615 f. Ferner Becker-Göll, Charikles I 277; 286. Beckmannn, Beiträge zur Geschichte der Erfindungen IV 55 ff.; andere speziellere Arbeiten s. unten. Eine hübsche Darstellung, aber ohne Quellenangaben, findet man bei Göll, Kulturbilder aus Hellas und Rom I 126 ff.

[2]) Die Beschreibungen von mittelalterlichen Festen zählen neben allerhand Musikern und Sängern Kunststücke mit Messern auf, Puppenspieler, Purzelbaumschlager, Kriechen am Boden, Tanz mit einer Flasche, Springen durch Reifen u. dgl. m., auch abgerichtete Tiere, Tänze von Bären und Ochsen, Kunststücke von Hunden etc. S. Ad. Tobler, Im neuen Reich f. 1895, S. 317 fg. und im allgemeinen vgl. Freymond, Jongleurs und Menestrels, Halle 1883, S. 16 ff. Andres bei Reich, Der Mimus I 810 ff.

[3]) Die Stelle Hom. Od. XVII 382: τίς γὰρ δὴ ξεῖνον καλεῖ ἄλλοθεν αὐτὸς ἐπελθών | ἄλλον γ', εἰ μὴ τῶν οἳ δημιοεργοὶ ἔασιν, | μάντιν ἢ ἰητῆρα κακῶν ἢ τέκτονα δούρων, | ἢ καὶ θέσπιν ἀοιδόν, ὅ κεν τέρπῃσιν ἀείδων. | οὗτοι γὰρ κλητοί τε βροτῶν ἐπ' ἀπείρονα γαῖαν· | πτωχὸν δ' οὐκ ἄν τις καλέοι τρύξοντα ἑαυτόν zeigt deutlich, daß Seher, Ärzte, Schmiede, Sänger damals nicht von Ort zu Ort zogen, sondern aus ihren Wohnorten berufen wurden, wenn man ihrer bedurfte. Nur der Bettler ist ein Fahrender, vgl. Finsler, Homer[2] I 197.

[4]) Vgl. Welcker, Epischer Zyklus 360 ff. Bergk, Griechische Literaturgeschichte I 489 ff. Christ, Griech. Literaturgeschichte[5] I 69 ff.

[5]) Xen. Mem. IV 2, 10: τοὺς γάρ τοι ῥαψῳδοὺς οἶδα τὰ μὲν ἔπη ἀκριβοῦντας, αὐτοὺς δὲ πάνυ ἠλιθίους ὄντας. Conv. 3, 6: οἶσθά τι οὖν ἔθνος ἠλιθιώτερον ῥαψῳδῶν;

[6]) Platons Ion stammt aus Ephesos und trägt bei den Asklepieien in Epidauros und den Panathenäen vor.

[7]) So tritt der Rhapsode Alexis aus Tarent bei der Hochzeit Alexanders d. Gr. auf, Chares b. Ath. XII 538 E; ein andrer bei der Hochzeit des Ptolemaios Philadelphos, Plut. Quaest. conv. IX 1, 2 p. 736 F.

[8]) CIL VI 9447 u. 10097 (Anthol. Lat. ed. Bücheler n. 1012 u. 1111).

⁹) Vgl. Diom. p. 484, 16 K. Corp. Gloss. III 240, 7; ebd. 172, 46 sind sie mit Seiltänzern, Ballspielern und Musikanten zusammengestellt. Daß in älterer Zeit auch die Homer-Rhapsoden ὁμηρισταί hießen, sagt Aristokles bei Ath. XIV 620 B. Artemid. IV 2 p. 205, 15 (Hercher) gebraucht ὁμηρίζειν im Sinne solcher Aufführungen.

¹⁰) Ath., a. a. O.: τοὺς δὲ νῦν ὁμηριστὰς ὀνομαζομένους πρῶτος εἰς τὰ θέατρα παρήγαγε Δημήτριος ὁ Φαληρεύς.

¹¹) Artemid. a. a. O.: καὶ γὰρ οἱ ὁμηρισταὶ τιτρώσκουσι μὲν καὶ αἱμάσσουσιν, ἀλλ᾽ οὐκ ἀποκτεῖναί γε βούλονται.

¹²) Petron. 59, 3.

¹³) III 20, 4 ff.; der Name Homerist kommt hier nicht vor, es ist einer τῶν τὰ Ὁμήρου δεικνύντων ἐν τοῖς θεάτροις.

¹⁴) Vgl. Oxyrh. Pap. III 519 p. 254; VII 1025 p. 156; 1050 p. 203. Mitteis und Wilcken, Papyruskunde I 1, 420; 2, 571 Nr. 492 fg. Crusius zu Herond. mimiamb. ed. 5 p. 123.

¹⁵) Οἱ περὶ τὸν Διόνυσον τεχνῖται, s. O. Lüders, Die dionysischen Künstler, Berlin 1873. A. Müller, Griechische Bühnenaltertümer, Freiburg i. Br. 1886, S. 392 ff.

¹⁶) In der Kranzrede, or. XVIII 262.

¹⁷) Besonders sind zu vergleichen die Vasenbilder, die Heydemann im Arch. Jahrb. I 260 ff. zusammengestellt und besprochen hat, sodann Dörpfeld und Reisch, Das griechische Theater S. 315 ff. Fig. 74—80. Dazu vgl. Baumeister, Denkmäler des klassischen Altertums 1751 ff. Fig. 1826—30. Schreiber, Kulturhistorischer Atlas Taf. 3, 3; 5, 11 u. 13. Wieseler, Theatergebäude und Denkmäler des Bühnenwesens Taf. 9, 13—15.

¹⁸) Vgl. besonders Reich, Der Mimus S. 26 ff. und dens. im Königsberger Gymnas.-Programm: Die ältesten berufsmäßigen Darsteller des griechisch-italischen Mimus, 1897.

¹⁹) Reich S. 27: „Sie ersahen im mimischen Tanze, der ihren equilibristischen Neigungen entsprach, und dem eigentlichen Mimus, dem gesprochenen wie dem gesungenen, ein herrliches Mittel, das Volk anzulocken. So ging aus ihrer Mitte ein Stand wandernder Mimen hervor."

²⁰) Reich S. 29: „Im 5. Jahrh. zieht der Mime schon durch die Städte Griechenlands und erscheint als Lustigmacher bei Gelagen und Gastmählern, wie bei dem reichen Kallias [im Symposion des Xenophon]. Im 4. Jahrh. ist er an den Höfen der Vornehmen und der Könige ein gern gesehner Gast." In viel späterer Zeit stellt Dio Chrys. or. LXVI p. 606 M. αὐλητὰς καὶ μίμους καὶ κιθαριστὰς καὶ θαυματοποιούς zusammen; vgl. dens. or. XXXII p. 361 M., wo in homerischer Parodie als Lieblinge der Alexandriner genannt werden μῖμοί τ᾽ ὀρχησταί τε χοροιτυπίῃσιν ἄριστοι, | ἵππων τ᾽ ὠκυπόδων ἐπιβήτορες. Arnob. II 38 stellt pantomimos, mimulos, histriones, cantores tuba tibiis calamoque flatantes zusammen.

Erhaltene Reste von Mimen, namentlich aus Papyri und Ostraka, sind von Crusius, Herond. mimiamb. ed. 5 p. 49 ff. zusammengestellt.

[21]) Cap. 9, 2 ff.

[22]) Die griechischen Vasengemälde mit Symposion-Szenen bieten dafür zahlreiche Belege. Die saltatores von Beruf waren bei den Römern zwar als Unterhaltung beliebt, als Stand aber verachtet, s. Cic. de off. I 42, 150. Suet. Nero 6; Cicero gebraucht saltator direkt als Schimpfwort, pro Mur. 6, 13; post red. in sen. 6, 13, was freilich auch damit zusammenhängt, daß für den Römer es als unanständig galt, selbst zu tanzen, während dies bei den Griechen nicht der Fall war.

[23]) Vgl. Becker-Göll, Gallus III 374. Marquardt-Mau, Privatleben der Römer 338. Blümner, Röm. Privataltert. 412.

[24]) Inst. or. I 28, 8: pudenda dictu spectantur.

[25]) VI 71, 3.

[26]) III 35, notaeque per oppida buccae. Namentlich wurde die Musik bei den Gladiatorenspielen durch herumreisende Musikbanden besorgt.

[27]) Vgl. Dio Chrys. or. XX p. 264 M.: ἤδη δέ ποτε εἶδον ἐγὼ διὰ τοῦ ἱπποδρόμου βαδίζων πολλοὺς ἐν τῷ αὐτῷ ἀνθρώπους ἄλλον ἄλλό τι πράττοντας, τὸν μὲν αὐλοῦντα, τὸν δὲ ὀρχούμενον, τὸν δὲ θαῦμα ἀποδιδόμενον, τὸν δὲ ποίημα ἀναγιγνώσκοντα, τὸν δὲ ᾄδοντα, τὸν δὲ ἱστορίαν τινὰ ἢ μῦθον διηγούμενον. So bei den Römern fabulatores, Suet. Aug. 78, vgl. Friedländer, Sittengeschichte⁵ I 470.

[28]) In diesem Sinne bei Xen. Conv. 2, 1. 7, 3. Plato rep. VII 514 B. Theophr. char. 6. Isocr. XV 213. Dio Chrys. or. VIII p. 132 M. Ael. n. an. IX 62.

[29]) Plato a. a. O. und Soph. 235 B. Demosth. or. II 19 p. 23. Arist. Oecon. II p. 1346 b, 21. Arr. Epict. diss. III 12, 1. Max. Tyr. diss. 21, 3. Muson. bei Stob. XXIX 75. Plut. de fac. in orbe lunae 924 C.; Cleomen. 12; Anton. 21. Niceph. Greg. III 10 p. 348 ff. Luc. Icarom. 8; Fugit. 1. Ath. XII 538 E. Matron bei Ath. IV 137 B spricht von κοῦραι θαυματοποιοί. Auf Inschriften von Delos aus den Jahren 265 und 261 v. Chr. kommen θαυματοποιοί vor, Bull. de Corr. hell. VII (1883) S. 112 fg. n. VII 27 und VIII 25 (wo ὀλυματοποιός falsche Lesung ist). Daher θαυματοποιία, Plato rep. X 602 D. Isocr. X 7. Luc. Zeux. 12; θαυματοποιεῖν, Luc. mort. Peregr. 17 und 21.

[30]) Ath. IV 129 D: θαυματουργοὶ γυναῖκες. Hero autom. 1 (I 342 Schmidt). Ebenso θαυματουργία, Plato legg. II p. 670 A, und im gleichen Sinne θαυματουργεῖν, Xen. Conv. 7, 2; daneben kommen alle diese von θαῦμα abgeleiteten Worte auch in der Bedeutung „Wundertun" vor. Unsicher ist das nur im Et. m. 443, 52 vorkommende θαύμακτρον, das als „Schaugeld" gedeutet wird; in dem dort zitierten Fragment des Sophron scheint vielmehr θυμιατήριον gestanden zu haben.

[31]) Ath. I 19 D; XIV 615 E, mit Zitaten aus älterer Literatur, be-

sonders zwei berühmte πλάνοι, Kephisodoros und Pantaleon, betreffend. Ev. Matth. 27, 63 nennen die Pharisäer Jesus einen πλάνος (von Luther unrichtig mit „Verführer" übersetzt).

[32]) Sen. de benef. VI 11, 2. Plin. ep. IV 7, 6. Petron. 68, 6. Cels. V 27, 3. Apul. met. I 4. Digg. XLVII 11, 11. Schol. Juv. 6, 582. In erweitertem Sinne bedeutet es einen Marktschreier; so spricht Quintil. II 4, 15 von circulatoria iactatio, X 1, 8 von circulatoria volubilitas, Mart. X 3, 8 von einer lingua circulatrix, Tertull. de carne Christi 5 von circulatorius coetus; ebd. adv. gent. 23 sind admiranda circulatoria eine direkte Übersetzung von θαύματα.

[33]) Bei Plin. VII 83.

[34]) Ebd. Vgl. Sen. de ira II 12, 4: ingentia vixque humanis toleranda viribus onera portare.

[35]) V 12: Quod nutantia fronte perticata | gestat pondera Masclion superbus, | aut grandis Linus omnibus lacertis | septem quod pueros levat vel octo.

[36]) Homil. in Hebr. 16, 4 (Migne LXIII 127): τί δὲ χαλεπώτερον τοῦ κοντὸν ἐπὶ τοῦ προσώπου λαβεῖν, εἶτα ἐπιθέντα ἄνω παιδίον μύρια ποιεῖν. καί τέρπειν τοὺς θεατάς; ders. ad pop. Antioch. hom. 19, 4 (Migne XLIX 196): ἢ τί ἄν τις εἴποι περὶ ἐκείνων τῶν ἀνδρῶν, οἳ κοντὸν ἐπὶ τοῦ μετώπου βαστάζοντες καθάπερ δένδρον ἐρριζωμένον ἐπὶ τῆς γῆς, οὕτως ἀκίνητον διατηροῦσι; καὶ οὐ τοῦτο μόνον, ἀλλ' ὅτι καὶ παιδία μικρὰ ἐπ' ἄκρου τοῦ ξύλου παλαίειν ἀλλήλοις παρασκευάζουσι, καὶ οὔτε χεῖρες οὔτε ἄλλο τι τοῦ σώματος μέρος, ἀλλὰ τὸ μέτωπον μόνον δεσμοῦ παντὸς ἀσφαλέστερον φέρει τὸν κοντὸν ἐκεῖνον ἄσειστον.

[37]) Diese Bezeichnung, die sich in Bekk. Anecd. 652, 8 findet, wird in unsern Lexika irrtümlich als ein mit der Balanzierstange Tanzender erklärt. Die oben angegebene Bedeutung ist gesichert durch das dem Kaiser Julian zugeschriebene Rätsel εἰς κοντοπαίκτην, Anth. Graec. app. VII 22 (ebd. 51): ἔστι τι δένδρον τῶν ἀνακτόρων μέσον, | οὗ ῥίζα, καὶ ζῇ, | καὶ λαλεῖ καρποῖς ἅμα, | μιᾷ δ' ἐν ὥρᾳ καὶ φυτεύεται ξένως, | καὶ καρπὸν αὔξει, καὶ τρυγᾶται ῥιζόθεν. Die richtige Deutung gab schon Jacobs ad Anth. Gr. II 3, 190 auf Grund von Joh. Chrysost. a. a. O.

[38]) Carm. 17, 320: vel qui more avium sese iaculantur in auras | corporaque aedificent celeri crescentia nexu, | quorum compositam puer amentatus in arcem | emicat et iunctus plantae vel cruribus haeret, | pendula librato figant vestigia saltu.

[39]) Schon bei Homer. In der Ilias XVI 745 stürzt ein Wagenlenker getroffen kopfüber wie ein Taucher vom Wagen; dazu bemerkt Patroklos höhnend: ὡς ῥεῖα κυβιστᾷ, und fährt dann fort, der Mann wäre ein trefflicher Austernfischer geworden, ὡς νῦν ἐν πεδίῳ ἐξ ἵππων ῥεῖα κυβιστᾷ. Plat. Conv. 190 A. Luc. mort. Peregr. 8 in scherzhaftem Sinne, etwa wie wir sagen „vor Vergnügen sich kugeln" oder dgl. Weitere

Belege s. u. Davon κυβίστησις Plut. de Pyth. orac. p. 401 C und Luc. Anach. 16 als Turnerkunststück in den Gymnasien angeführt, vgl. Krause, Gymnastik und Agonistik 845 A. 2. Über das κυβιστᾶν vgl. den Artikel cernuus bei Daremberg-Saglio, Dict. des ant. I 1078 ff. und Jüthner, Artikel κυβίστησις bei Pauly-Wissowa (noch nicht erschienen, liegt erst im Separatabdruck vor).

⁴⁰) Varro bei Non. p. 21, 7; von unfreiwilligem Sturz Apul. met. cernuari Solin. 17, 45. Corp. Gl. II 99, 49: cernulat κυβιστιᾷ; doch sonst durch Petauristen erklärt, ebd. 99, 57: cernuli πεταυρισταί; 100, 2; ebd. 3: cernuit πεπεταύρισται. Bei den Leistungen der Petauristen (s. darüber unten) spielte eben das Überschlagen auch eine große Rolle.

⁴¹) Bei der Darstellung des Chortanzes am Schilde des Achilleus, Il. XVIII 605: δοιὼ δὲ κυβιστητῆρε κατ' αὐτούς | μολπῆς ἐξάρχοντος [sc. ἀοιδοῦ] ἐδίνευον κατὰ μέσσους, wobei unter δινεύειν nicht ein sich im Kreise drehen zu verstehen ist, sondern jedenfalls ein Radschlagen, wie bei Plat. a. a. O.: οἱ κυβιστῶντες εἰς ὀρθὸν τὰ σκέλη περιφερόμενοι. Dieselben Verse finden sich Od. IV 18, wo diese Unterhaltung im Hause des Menelaos durchaus nicht am Platze erscheint, weshalb V. 15—19 dort als späteres Einschiebsel betrachtet werden. Das Wort findet sich nochmals in der A. 39 angeführten Stelle der Ilias, wo Patroklos nach den dort angeführten Worten schließt (v. 750): ἦ ῥα καὶ ἐν Τρώεσσι κυβιστητῆρες ἔασιν. Hier faßten schon die alten Erklärer (s. Eustath. z. d. St.) das Wort als identisch mit dem v. 742 zum Vergleich des Sturzes herangezogenen ἀρνευτήρ, also als Taucher, und die neueren Lexikographen und Erklärer haben sich durchweg dieser Deutung angeschlossen. Patroklos, lautet die alte Erklärung, wundere sich, daß auch bei den Troern Taucher seien; das sei mit ein Beweis dafür, daß das alte Troja nicht am Meere lag, denn bei den Bewohnern der Küste wären Taucher nichts Verwunderliches gewesen. Ich halte aber diese Deutung für unrichtig und nur durch den vorausgehenden grimmigen Scherz des Patroklos hervorgerufen. Es wird κυβιστητήρ hier nichts andres bedeuten als XVIII 604: „wahrlich, auch bei den Troern gibt es Kunstspringer"; damit konnte Patroklos sehr gut seine Hohnworte schließen.

⁴²) Lucil. b. Non. 21, 4 (XXVII 34 Müller): modo sursum, modo deorsum, tamquam colus cernui. Serv. ad Aen. X 894: unde et pueri, quos in ludis videmus ea parte, qua cernunt, stantes, cernuli vocantur, ut etiam Varro in ludis theatralibus docet, was Salmasius Exerc. Plin. 628 erklärte durch: qui capite in solo sistebant pedibus in aërem erectis. Die Form cernulus auch Apul. met. IX 38. Beide Worte sind für das unfreiwillige Kopfüberstürzen am häufigsten gebraucht.

⁴³) Herod. VI 128 erzählt, daß Hippokleides, einer der Bewerber um die Hand der Tochter des Tyrannen Kleisthenes von Sikyon, beim Wettkampf der Freier auf einem Tische Tänze aufführte und zuletzt τὴν

κεφαλὴν ἐρείσας ἐπὶ τὴν τράπεζαν τοῖσι σκέλεσι ἐχειρονόμησε, worauf ihm Kleisthenes sagte: ἀπωρχήσαό γε μὲν τὸν γάμον.

⁴⁴) S. oben Anm. 41. Xen. Conv. 2, 22 wird das τροχοὺς μιμεῖσθαι nach vorn und nach rückwärts erwähnt; vgl. ebd. 7, 3: οὐδὲ μὴν τό διαστρέφοντας τὰ σώματα καὶ τροχοὺς μιμουμένους ἥδιον ἢ ἡσυχίαν ἔχοντας τοὺς καλοὺς καὶ ὡραίους θεωρεῖν. Joh. Chrysost. ad pop. Antioch. hom. 19, 4 (Migne XLIX 195): τί γὰρ ἂν γένοιτο δυσκολώτερον, ἀλλ' ἢ ὅταν τις νέος τοῖς βουλομένοις καταμαλάττειν καὶ λυγίζειν αὐτοῦ τὰ μέλη παραδοὺς ἑαυτὸν φιλονεικοίη πρὸς ἀκρίβειαν τροχοῦ δίκην τὸ σῶμα ἅπαν κάμπτειν καὶ στρέφεσθαι ἐπὶ τοῦ ἐδάφους; Auf etwas ähnliches bezieht man auch Cic. in Pison. 10, 22: in quo cum suum illum saltatorium versaret orbem, ne tum quidem fortunae rotam pertimescebat; vgl. Arnob. II 42 p. 82, 15 Reiff.: orbes saltatorios vertere, was verbunden wird mit clunibus et coxendicibus sublevatis lumborum crispitudine fluctuare. Auch der von Ath. XIV 630 A und Poll. IV 101 angeführte Tanz, der στρόβιλος hieß (vgl. Suid. s. h. v.), könnte damit identisch sein, vgl. Becker-Göll, Charikles I 165.

⁴⁵) So auf dem bekannten und oft abgebildeten Psykter des Duris, Wiener Vorlegeblätter VI 4 (bei Pottier, Douris Fig. 17 kastriert).

⁴⁶) In der Abhandlung von Paciaudi, De athletarum κυβιστήσει (Rom 1756) das Titelkupfer. Eine in der Bibl. nationale in Paris bei Caylus, Rec. des antiqu. III 74, 2. Babelon,.Catal. des bronzes antiques de la Bibl. nat. 963. Daremberg-Saglio, Dictionn. des antiqu. I 1079 Fig. 1327; im Louvre Longpérier, Bronzes antiques du Musée du Louvre 613; in Florenz Zannoni, Gal. reale di Firenze II Tav. 79; in Wien v. Sacken, Die antiken Bronzen des K. K. Münz-Cabinets Taf. 44, 3; alle vier bei Reinach, Repert. de la Statuaire II 404; zwei weitere in Avignon und Palermo ebd. III 121; eine aus Erment in Ägypten ebd. IV 350 (im Arch. Anz. 1906 S. 146 Fig. 11 unrichtig als „Schwimmerin" gedeutet). Gemeinsam ist allen der Lendenschurz; die meisten tragen auch eine enganliegende Kappe, vielleicht des Kopfstehens halber.

⁴⁷) Bull. Nap. V Tav. 6, 5. Baumeister, Denkmäler 585 Fig. 631. Blümner, Leben der Griechen II 47 Fig. 8. Daremberg-Saglio, Dictionn. a. a. O. Fig. 1325.

⁴⁸) Tischbein, Vases Hamilton I 60. Baumeister a. a. O. Fig. 632 Daremberg-Saglio a. a. O. Fig. 1326. Ähnliche Szenen s. Tischbein V 63, wo die Frau unterhalb des Gürtels mit einem durchsichtigen Gewand bekleidet ist und die Füße ohne ein Gerät in die Höhe streckt; Compte-rendu de St. Pétersbourg 1863 pl. 10, wo vor der auf den Händen gehenden Frau ein Kottabosständer steht (vgl. Minervini, Mon. di Barone tav. 3. Stephani, Vases de l'Ermitage n. 1579). S. auch Millin, Peint. de vases II pl. 88, 4. Panofka, Bilder antiken Lebens Taf. XII 6. Inghirami, Vasi fittili I 66 u. 87. Gerhard, Arch. Zei-

tung 1848, 224. Stephani, Compte-rendu 1869, 231; 1870, 100. Furtwängler, Vasensammlung d. Berl. Antiquar. II 948 n. 3444.

[49]) Dies scheint mir auf der im Arch. Jahrb. XXXII (1917) 63 Abb. 33 abgebildeten Vase (auch bei Heydemann, Vasensammlg. Neapel Abb. 34) dargestellt, nicht, wie M. Bieber dort angibt, daß das Mädchen mit dem linken Fuß die Trinkschale an den Mund schiebt.

[50]) Inghirami, Mus. Etrusco Chiusino II 132. Krause, Gymnastik und Agonistik Taf. 9 c, 25 i. Schreiber, Kulturhistor. Atlas Taf. 22, 1. Daremberg-Saglio, Dictionn. IV 423 Fig. 5612.

[51]) Vgl. die oben Anm. 44 angeführte Stelle aus Joh. Chrysost. und Max. Tyr. diss. 35, 3: οἱ τὰ θαύματα ἐπιδεικνύμενοι, ἐκκλώμενοί τε καὶ στρεβλούμενοι τὰ σώματα.

[52]) Xen. Conv. 2, 11; ebd. 7, 3 (s. oben Anm. 44); Mem. I 3, 9: οὗτος κἂν εἰς μαχαίρας κυβιστήσειε κἂν εἰς πῦρ ἄλοιτο. Plato Euthyd. p. 294 E, verbunden mit ἐπὶ τροχοῦ δινεῖσθαι (s. u.), als sehr schwere Sachen. So verbindet Muson. b. Stob. XXIX 75 gefährliche Kunststücke: ἀλλ' οἱ μὲν ἄρα θαυματοποιοὶ δύσκολα οὕτως ὑφίστανται πράγματα καὶ τὴν ζωὴν παραβάλλονται τὴν ἑαυτῶν, οἳ μὲν εἰς μαχαίρας κυβιστῶντες, οἳ δ' ἐπὶ κάλων μετέωροι βαδίζοντες, οἳ δ' ὥσπερ ὄρνεα πετόμενοι διὰ τοῦ ἀέρος, ὧν τὸ σφάλμα θάνατός ἐστι: also Schwerttänzer, Seiltänzer und Trapezkünstler s. u.). Bei der Hochzeit des Karanos traten nach Proteas bei Ath. IV 129 D θαυματουργοὶ γυναῖκες, εἰς ξίφη κυβιστῶσαι καὶ πῦρ ἐκ τοῦ στόματος ἐκριπίζουσαι γυμναί auf (s. o.). Artemid. I 76: μαχαίραις περιδινεῖσθαι ἢ ἐκκυβιστᾶν, wobei ersteres vermutlich ein eigentlicher Schwerttanz ist, d. h. auf den Füßen, nicht auf den Händen, wie auf den unten erwähnten Vasenbildern. Daß εἰς μαχαίρας κυβιστᾶν geradezu sprichwörtlich war für etwas Lebensgefährliches, zeigt außer Xen. a. a. O. auch Aelian. epist. 16. Clem. Al. Strom. VII 12, 66 p. 871 P.

[53]) Cap. 2, 11: μετὰ δὲ τοῦτο κύκλος εἰσηνέχθη περίμεστος ξιφῶν ὀρθῶν. εἰς οὖν ταῦτα ἡ ὀρχηστρὶς ἐκυβίστα τε καὶ ἐξεκυβίστα ὑπὲρ αὐτῶν.

[54]) Museo Borb. VII 58. Krause a. a. O. Taf. 24, 94. Panofka a. a. O. Taf. XII 4. Blümner, Leb. d. Griech. II 46 Fig. 7. Schreiber a. a. O. Taf. 78, 5. Daremberg-Saglio a. a. O. I 1079 Fig. 1324. Baumeister a. a. O. Fig. 633. Auf einer Berliner Vase, Furtwängler, Vasensammlung II 952 no. 3489, ist eine Gauklerin im Begriff, sich zu überschlagen und zwar nach hinten; unten sind, wie auf jenem, drei Schwerter aufgepflanzt.

[55]) Ein solches σφαιρίζειν ἐν ξίφεσι erwähnt der hl. Chrysostomus in der Homil. in Hebr. 16, 4 (Migne XLIII 127).

[56]) Das ist wohl gemeint mit dem von Demokr. bei Stob. Flor. XVI 17 beschriebenen: ὥσπερ οἱ ὀρχησταί οἱ ἐς τὰς μαχαίρας ὀρούοντες, ἢν ἑνὸς μούνου μὴ τύχωσι καταφερόμενοι, ἔνθα δεῖ τοὺς πόδας ἐρεῖσαι, ἀπόλλυνται; und vgl. oben Artemid. a. a. O. Abgebildet ist solcher Tanz

auf der oben erwähnten Vase Arch. Jahrb. XXXII (1907) 63; eine Flötenbläserin spielt die Begleitung zu dem von einem nackten Mädchen ausgeführten Tanze.

[57] V. Apoll. II 28: παῖς γάρ τις, ὥσπερ ὁ τῶν ὀρχηστρίδων, ἀνερριπτεῖτο κούφως συναφιεμένου αὐτῷ βέλους ἐς τὸ ἄνω, καὶ ἐπειδὴ πολὺ ἀπὸ τῆς γῆς γένοιτο, ἐκυβίστα ὁ παῖς ὑπεραίρων ἑαυτὸν τοῦ βέλους, καὶ ἁμαρτόντι τοῦ κυβιστᾶν ἕτοιμα ἦν βεβλῆσθαι.

[58] Etwas ähnliches wie die petauristarii scheinen die bei Firm. Mat. VIII 15, 2 mit diesen zusammen erwähnten petaminarii, efelmatores und orchestopalarii gewesen zu sein, wohl Bezeichnungen für gewisse Spezialitäten.

[59] Salzmann, Nécropole de Kamiros pl. 37. Daremberg-Saglio a. a. O. Fig. 1329; vgl. de Witte, Arch. Zeitg. 1870, 52. Stephani, Compte-rendu 1876, 100. Die Inschrift nach Herwerden, Lexic. Graecum I 879 (der κυβιστητῷ verschrieben für κυβιστητῇ betrachtet) und Jüthner a. a. O.; dagegen liest Kretschmer, Griech. Vaseninschr. 88: καλῶς τῷ κυβιστῇ τοι, also „Bravo fürwahr dem Springer". Daß κάδος soviel ist wie ἀμφορεύς, zeigt Philochor. bei Poll. X 71. Jüthner nimmt an, daß der Vorgang im Hippodrom spielt, die Übung also den hippischen Agonen zuzuzählen sei, während v. Brauchitsch, Panathen. Preisamphoren 2 das Gefäß nicht als Preisamphora gelten lassen will, da die Kybistesis nicht zu den panathenäischen Agonen gehöre.

[60] Vgl. Teuffel in Paulys Realencykl. V 1390. Lafaye bei Daremberg-Saglio IV 422.

[61] Alte Erklärer führen es aber auch auf πέτεσθαι zurück, s. Festus p. 206. Non. p. 56, 28.

[62] Theocr. 13, 13. Nicand. Ther. 197. Hesych. s. v.: σανίς, ἐφ' ἧς αἱ ὄρνεις κοιμῶνται· καὶ πᾶν τὸ ἐμφερὲς τούτῳ.

[63] So Polyb. VIII 6, 8; vgl. Hesych.: καὶ πᾶν τὸ μακρὸν καὶ ὑπόπλατυ. ἔστι δὲ λεπτόν, ὅταν ἐν μετεώρῳ κείμενον ᾖ. Ähnlich Phot. p. 426, 12.

[64] Lucil. b. Festus 206 (Frg. inc. 100 Müll.): sicut mechanici cum alto exiluere petauro. Mart. II 86, 7: quid, si per graciles vias petauri | invitum iubeas subire Ladan? Petron. Frg. 15 Büch.: petauroque iubente modo superior.

[65] Manetho IV 278; πεταυρίζειν Galen. Protr. 9 (I 20 K). In übertragenem Sinne spricht Plut. an vitios. ad intell. suff. p. 498 C von ὁ τῆς τύχης πεταυρισμός.

[66] Varro bei Non. 56, 27, in zwei Zitaten. Festus a. a. O. Scherzhaft Plin. XI 115 von der lascivia posteriorum crurum petauristae, von einem Insekt.

[67] Petron. 47, 9; 60, 2. Firm. Mat. VIII 15; vgl. Heraeus, Sprache des Petronius S. 10.

[68] Cap. 53, 11 fg. Trimalchios Äußerung: ceterum duo esse in rebus

humanis, quae libentissime spectaret, petauristarios et cornicines; reliqua acroamata tricas meras esse ist auch deswegen charakteristisch, weil er die cornicines, die Hornbläser, zu den Sehenswürdigkeiten rechnet. (Die Hsr. hat allerdings cornices, doch ist die Emendation nicht zu beanstanden; Cap. 78, 5 kommen in der Tat als novum acroama cornicines zum Mahle.)

[69]) S. oben Anm. 64; der Name mechanici erklärt sich daher, daß μηχανή ein Gerüst bedeutet (wie beim ϑεὸς ἐκ μηχανῆς).

[70]) II 86, 7: quid, si per graciles vias petauri | invitum iubeas subire Ladan? Schwer zu erklären ist XI 21, 3, wo es in einer Reihe von Vergleichen für eine Dirne von sehr geschmeidigem Körperbau auch heißt, sie sei so laxa, quam rota transmisso totiens intacta petauro (intacta ist Emendation, die Hss. haben inpacta). Friedländer erklärt, das Kunststück habe darin bestanden, das petaurum, d. h. eine lange Stange, durch eine (vielleicht sich drehende) rota zu schleudern, ohne sie zu berühren; diese Erklärung ist aber unwahrscheinlich, denn erstens ist das petaurum keine beliebige Stange oder Balken, sondern ein Gerüst, und sodann ist die Tätigkeit des Petauristen stets eine in der Höhe vorgenommene und gefährliche. Als bei Petron. 60, 2 an der Decke des Saales ein starkes Getöse entsteht (die Täfelung der Kassetten wird auseinandergeschoben), da vermuten die Gäste zuerst, es werde durch den Plafond ein Petaurist herunterkommen.

[71]) Manil. Astr. V 439: corpora, quae valido saliunt excussa petauro, | alternos cient motus, elatus et ille | nunc iacet atque huius casu suspenditur ille, | membraque per flammas orbesque emissa flagrantes | molliter ut liquidis per humum ponuntur in nudis. Dazu vgl. Muson. b. Stob. Flor. XXIX 75: οἳ δ' ὥσπερ ὄρνεα πετόμενοι διὰ τοῦ ἀέρος, was wohl auch auf dergleichen geht; Joh. Chrysost. ad pop. Antioch. hom. 19, 4 (Migne XLIX 195): τοὺς δὲ ἐπὶ τῆς ὀρχήστρας πάλιν ἐπισυρομένους καὶ καθάπερ πτεροῖς τοῖς κώλοις κεχρημένους τοῦ σώματος, τίς οὐ κἂν ὁρῶν ἐκπλαγείη; ferner Manetho IV 278: πηκτοῖσι πεταυριστῆρας ἐν ἄκροις, | αἰθέρι καὶ γαίῃ μεμετρημένα ἔργα τελοῦντες, und ebd. VI (al. III) 442: ἄχϑεα ϑαυματὰ χερσὶ καὶ ὤμοισιν φορέοντας | ἱπταμένους γυίοις ἐναλίγκιον ὀρνίϑεσσιν, | πιλναμένους τε νέφεσσιν ἐπ' ἠνεμόεντι πετεύρῳ, wo noch die Beschwerung mit Gewichten in den Händen und auf den Schultern hinzukommt. Die Beschreibung, die Teuffel a. a. O. gibt, das petaurum sei als freischwebendes Rad zu denken, auf das sich die Gaukler zu zwei legten, sodaß der eine es abwärts zu schieben, der andre es oben zu erhalten suchte; siegte jener, so wurde dieser in die Luft geschleudert, beruht zwar auf der Schilderung des Manilius, ist aber sicher falsch, da von einer rota in Verbindung mit dem petaurum nur in der durchaus unklaren und textkritisch nicht sichern Martialstelle (Anm. 70) die Rede ist. Daß Sprünge zum Petauristen gehörten, sagt auch Non. p. 56, 27:

petauristae a veteribus dicebantur, qui saltibus aut schemis (schoenis?) levioribus moverentur, und den excussa corpora des Manilius entspricht Juv. 14, 265: an magis oblectant animum iactata petauro corpora?

[72]) S. Philodem. de rhet. p. 74, 14. Sudh. (vgl. Supplem. 37, 1): ὅμοιον ἐπὶ τῶν πετ(α)υ(ρι)ζομένων καὶ τὰς μαχαίρας ὑπεραλλομένων ἔτυχε.

[73]) Vgl. darüber den Artikel von Lafaye bei Daremberg-Saglio II 1361 fg., wo auch die Literatur darüber angegeben ist.

[74]) In der älteren Literatur kommt das Wort nicht vor, und auch in der späteren ist es selten; vgl. Manetho IV 287. Dafür finden wir öfters Umschreibungen; so Arr. Epict. diss. III 12, 2: ἐπὶ σχοινίου περιπατεῖν. Manetho IV 277: αἰθροβάται; V (al. VI) 146: καλοβάτην σχοίνοισί τ' ἐπ' ἠερόφοιτον; VI (al. IV) 440: αἰθροβάτας σχοίνοις τρίβον ἐξανύοντας. Artemid. I 76: εἰ δέ τις ὑψηλὸς ὀρχοῖτο. Die Kunst des Seiltanzens, die σχοινοβατία, Hippocr. I 709 K., oder σχοινοβατική wird als ματαιοτεχνία bezeichnet, Bekk. An. 652, 7; vgl. Cram. Anecd. IV 248, 20.

[75]) Juv. 3, 77. Sid. Ap. carm. 23, 301; bei Arnob. adv. gent. II 38 funiambuli. Corp. Gl. V 515, 3.

[76]) Zuerst Ter. Hec. 4; ebd. 34 (hier als Einschiebsel beanstandet). Scr. hist. Aug. M. Anton. 12, 12. Firm. Mat. VIII 17, 4. Anth. Lat. ed. Riese 112; 281; 286, 95. Augustin. ep. 9, 3 (Migne XXXIII 72); ebd. 120, 5 (Migne a. a. O. 454); vgl. dens. in Psalm. 39, 9 (Migne XXXVI 440): didicit homo magno studio in fune ambulare, et pendens te suspendit. Vgl. Acro zu Hor. sat. I 10, 25 (ebd. Porphyr.) und ep. II 1, 208. Übertragen Tertull. de pudic. 10: funambule pudicitiae et castitatis. Das Wort funerepus bei Apul. Flor. 5 u. 18 ist wohl eigne Erfindung des Apuleius.

[77]) Vopisc. Carin. 19, 2. Firm. Mat. VIII 17, 4 verbindet funambuli, olibatae (verdorben aus calobatae, s. u.) und neurobatae. Hesych. s κρημνοβάτης. Vgl. Corp. Gl. VI 475 νευροβάτης.

[78]) Anth. Lat. 112 stuppea suppositis tenduntur vincula lignis, | quae fide ascendit docta iuventa gradu. | quae super aërius protendit crura viator | vixque avibus facili tramite currit humo. | brachia distendens gressum per inane gubernat, | ne lapsu gracili planta rudente cadat.

[79]) Ebd. 281: vidi hominem pendere cum via, | cui latior erat planta quam semita.

[80]) Ebd. 286, 95: inter lucificum caelum terrasque iacentes | aëra per medium docta meat arte viator. | semita sed brevis est pedibus nec sufficit ipsis.

[81]) So Arr. Epict. diss. III 12, 2: ἐπὶ σχοινίου περιπατεῖν. Luc. rhet. praec. 9. Hor. ep. II 1, 210: ille per extentum funem mihi posse videtur | ire. Sen. de ira II 21, 5: per intentos funes ire.

[82]) Muson. a. a. O. Manetho IV 237: σχοινοβάτας, καλοβάμονας, ὑψόθεν εἰς γῆν | γειτονίῃ θανάτοιο καταρριπτοῦντας ἑαυτούς, | ὧν ὁ πόρος μόρος ἐστίν, ἐπὴν εἰς σφάλματα νεύσῃ.

⁸³) Plin. ep. IX 26, 3: vides qui per funem in summa nituntur, quantos soleant excitare clamores, cum iam iamque casuri videntur.

⁸⁴) Scr. hist. Aug. M. Anton. 12, 12: funambulis post puerum lapsum culcitas subici iussit, unde hodieque rete praetenditur.

⁸⁵) Quint. II 13, 16: patiatur necesse est illam per funes ingredientium tarditatem. Wenn von currere gesprochen wird, wie Sen. de ira II 12, 4: didicerunt tenuissimis et adversis funibus currere (vgl. Anth. Lat. 112, 4), so ist das wohl nicht wörtlich zu verstehn. Vgl. Manil. Astr. V 636: come per officium vigilantia membra ferentis; ebd. 653: ac tenuis ausus sine limite gressus | certa per extentos ponet vestigia funes, | et caeli meditatus iter vestigia perdet. Prud. hamart. 367: inde per aërium pendens audacia funem | ardua securis scandit proscenia plantis.

⁵⁶) Anth. Lat. 112, 2; es sind die adversi funes bei Sen. a. a. O., vgl. Plin. VIII 6.

⁸⁷) Manetho IV 287 fg. Juv. 14, 266: quique solet rectum descendere funem. Vgl. Joh. Chrysost. homil. in illud „Vidi dominum" 3, 2 (Migne LVI 114): καθάπερ γὰρ ἐν τοῖς θεάτροις οἱ τὴν σχοῖνον τὴν κάτωθεν ἄνω τεταμένην ἀναβαίνειν καὶ καταβαίνειν μελετῶντες, ἂν μικρὸν παραβλέπωσι, παρατραπέντες κατενεχθήσονται εἰς τὴν ὀρχήστραν καὶ ἀπολοῦνται; vgl. dens. ad pop. Antioch. homil. 19, 4 (Migne XLIX 196): ἕτερος πάλιν ἐπὶ σχοίνου στενωτάτης μετὰ τοσαύτης ἀδείας βαδίζει, μεθ' ὅσης οἱ τὰ ὕπτια πεδία καταρέχοντες, wo also auch das Herablaufen besonders angestaunt wird.

⁸⁸) Über den catadromus dressierter Tiere s. u.

⁸⁹) XIX 1, 54: per catadromum descendere.

⁹⁰) Vopisc. Carin. 19, 2: nam et neurobaten, qui velut in ventis cothurnatus ferretur, exhibuit. Auch schwere Lasten trugen sie, Sen. de ira II 12, 4.

⁹¹) Anth. Lat. 112, 5 ist es sicher nicht der Fall.

⁹²) Pitture di Ercolano III 32 fg. Museo Borbonico VII 50—51. Roux u. Barré, Herculanum und Pompeji IV 12—15. Herrmann, Denkm. d. Malerei d. Altert. Taf. 95—100; 103—105. Vgl. Gerhard, Neapels ant. Bildw. 427 n. 10—13. Helbig, Wandgem. d. verschütt. Städte S. 107 n. 442. Baumeister, Denkmäler 585 Fig. 630. Daremberg-Saglio, Dictionn. II 1364 Fig. 3320 fg.

⁹³) Der hl. Chrysostomus, der überhaupt öfters von den Seiltänzern spricht, erwähnt auch, daß sich solche auf dem Seil an- und auskleideten und hinlegten, wie wenn sie in ihrem Bett wären, homil. in Hebr. 16, 4 (Migne LXIII 127): τί γὰρ χαλεπώτερον τοῦ διὰ σχοίνου τεταμένης βαδίζειν καθάπερ ἐπὶ ἰσοπέδου, καὶ ἄνω περιπατοῦντα ὑποδύεσθαι καὶ ἀναδύεσθαι καθάπερ ἐπὶ κλίνης καθήμενον; Vgl. dazu die Stelle oben Anm. 87 und ferner adv. oppugnat. vitae monast. III 18 (Migne XLVII 380); hom. in Matth. 20, 5 (Migne LVII 292); hom. in Thessal. I 5, 4 (Migne LVII 452). Wenn auf einem pompejanischen Wandbilde bei Roux u. Barré, Musée secret

pl. 20 ein Paar sich zu einer Handlung anschickt, zu der die beiden gespannten Seile eine sehr unpassende Grundlage bilden, so ist das natürlich nur scherzhafte Erfindung des Lupanarienmalers (vgl. Helbig a. a. O. N. 1503).

[94]) Auf einem Graffito Bull. d. Inst. 1873, 36; auf einer Gemme Rhein. Jahrbüch. IX 26 no. 21.

[95]) Spon, Recherch. d'antiqu. XXII p. 407. Vaillant, Numism. imp. Roman. Tab. 18, 12. Eckhel, Doctr. num. II 433. Mionnet, Déscript. II 546 n. 216. Imhoof-Blumer, Kleinasiat. Münzen Taf. 1, 24. v. Sallet, Zeitschr. f. Numism. XV 12 Taf. 1, 7. Besprochen hat sie Böttiger, Kl. Schriften III 335ff.; vgl. auch Daremberg-Sagl II 1370 Fig. 3322.

[96]) Über das Weiterbestehn von Seiltänzerbanden in der byzantinischen Zeit haben wir einen interessanten Bericht bei Nikephoros Gregoras (14. Jahrh.), Histor. Byzant. VIII 21 (p. 350 ed. Bonn). Die dort erwähnte zahlreiche Truppe kam aus Ägypten und hatte, ehe sie nach Byzanz kam, bereits im südlichen und westlichen Asien Vorstellungen gegeben. Sie spannten ihre Seile zwischen hohen Schiffsmasten aus und umwickelten diese mit starken Tauen, die sie als Stützen benutzten, um daran hinaufzuklettern. Auf den Seilen zeigten sie allerhand Kunststücke: einer stellte sich auf die Spitze des Mastes und balancierte auf einem Bein oder stellte sich auf den Kopf; dann machte er plötzlich einen weiten Sprung, ergriff mit der einen Hand das Seil und drehte sich wie ein schnell wirbelndes Rad um dieses herum; oder er erhaschte das Seil mit den Kniekehlen und machte so daran hängend die Welle, wie unsre Trapezkünstler. Dann wieder stellte er sich auf das Seil und schoß nach einem entfernten Ziele Pfeile vom Bogen mit größter Sicherheit. Schließlich trug er mit verbundenen Augen einen Knaben von einem Mast zum andern. Freilich war diese ursprünglich aus 40 Köpfen bestehende Gesellschaft in Byzanz durch tödliche Ausgänge schon auf die Hälfte zusammengeschmolzen.

[97]) So Manetho V (al. VI) 146; καλοβάμονες ebd. IV 287. Vgl. Muson. b. Stob. Flor. XXIX 75: οἱ ἐπὶ κάλων μετέωροι βαδίζοντες. Luc. rhet. praec. 2: οἱ ἐπὶ τῶν κάλων βαίνοντες; καλοβατεῖν bei Artemid. I 76. Corp. Gl. II 74, 18; 337, 39. Das gleiche Wort steckt jedenfalls in der Verderbnis bei Firm. Mat. VIII 17, 4 (s. o. Anm. 77).

[98]) Hesych. s. καδαλίων; colobathrarii Non. 115, 18.

[99]) S. oben Anm. 97. Stob. und Luc. a. a. O.

[100]) Artemid. III 15.

[101]) Varro L.L. VII 69: grallator a gradu magno dictus. Non. 115, 18: gralatores sunt colobathrarii, gralae enim sunt fustes, quis innituntur.

[102]) Zuerst nachweisbar bei Plaut. Poen. 530: vinceretis cervum cursu vel gralatorem gradu. Varro a. a. O. und bei Non. a. a. O.: ut, grala-

tores qui gradiantur, perticae sunt ligneae sine ῥυθμῷ et ab homine eo, qui in is stat, agitantur. Festus 97, 12. Arnob. II 38 stellt cursores, pugiles, quadrigarii, desultores, grallatores, funambuli und praestigiatores zusammen.

[103]) Plaut. a. a. O. Festus 97, 12: grallatores appellabantur pantomimi, qui, ut in saltatione imitarentur Aegipanas, adiectis perticis furculas habentibus atque in his superstantes gradiebantur, utique propter difficultatem consistendi.

[104]) Artemid. I 76.

[105]) Das Wort kommt lat. tichobates vor, Vopisc. Carin. 19, 1: (exhibuit) et tichobaten, qui per parietem urso eluso cucurrit; es war also diese Vorführung damit verbunden, daß der Tichobat auf diese Art einem Bären, den er erst gereizt hatte, entging.

[106]) Die Kunst scheint ein Diebskniff gewesen zu sein. Von einem gewissen Eurybatos, der wegen Diebstahl gefangen war, erzählte man, die Wächter hätten ihn aufgefordert, einmal seine Kunstfertigkeit zu zeigen; erst habe er sich geweigert, dann aber seine Werkzeuge, nämlich Schwämme und Steigeisen (ἐγκεντρίδες), genommen und sei auf der Mauer in die Höhe geklettert, oben angelangt aber nicht mehr zurückgekommen, sondern auf der andern Seite heruntergeklettert. Als die Wächter um das Haus herumgelaufen kamen, war er über alle Berge. So Gregor. Corinth. zu Hermog. VII 1277 Walz. Suid. s. Εὐρύβατος. Aristaen. epist. I 20. Was dabei die Schwämme zu tun hatten, bleibt freilich ganz unklar; vielleicht war es eine klebende Handbedeckung, vermittelst deren sich der Mauerläufer an die Wand anklammerte.

[107]) Vgl. in Hase's Palaeologus S. 53 den Aufsatz „Über Dressurpferde und Kunstreiterei bei den Alten".

[108]) Das homerische Gleichnis Il. XV 679 ff. ist wohl am besten auf einen Kunstreiter zu deuten: ὡς δ' ὅτ' ἀνὴρ ἵπποισι κελητίζειν εὖ εἰδώς, | ὅς τ' ἐπεὶ ἐκ πολέων πίσυρας συναείρεται ἵππους, | σεύας ἐκ πεδίοιο μέγα προτὶ ἄστυ δίηται | λαοφόρον καθ' ὁδόν· πολέες τέ ἑ θηήσαντο | ἀνέρες ἠδὲ γυναῖκες· ὁ δ' ἔμπεδον ἀσφαλὲς αἰεὶ | θρώσκων ἄλλοτ' ἐπ' ἄλλον ἀμείβεται, οἱ δὲ πέτονται. Das Bedenken von Finsler, Homer² I 102, ein Kunstreiter könne nicht gemeint sein, denn der würde sich doch nicht auf der Landstraße produzieren, ist sicher nicht gerechtfertigt; zu einer Zeit, wo es schwerlich schon feste Stadien oder Hippodrome gab, war gerade die offne Landstraße für solche Produktionen sehr geeignet. Auch die ausdrückliche Erwähnung der zuschauenden Männer und Frauen spricht dafür, während es für einen „Gutsherrn oder Verwalter", an den Finsler denkt, doch höchst seltsam wäre, wenn er auf dem Wege zur Stadt bald auf dies bald auf jenes seiner vier Pferde herüberspränge.

[109]) Vgl. zu der zitierten Stelle Eustath. p. 1087, 56 über das διὰ δύο ἵππων κελητίζειν.

[110]) Liv. XXIII 29, 5. Prop. V (IV) 2, 35: traicit alterno qui leve pondus equo. Hygin. Fab. 80: unus duos equos habet, pileum in capite, de equo in equum transilit. Festus 334 b, 28. Manil. Astr. V 85: nec non alterno desultor sidere dorso | quadrupedum, et stabilis poterit defigere plantas, | perque volabit equos, ludens per terga volantum. Vgl. Isid. XVIII 39. Corp. Gl. V 496, 39; 567, 13; equi desultorii Cassiod. Var. III 51. Auch in der Metapher beliebt, wie Ov. am. I 3, 15: non sum desultor amoris; und so spricht Apul. met. I 1 von desultoria scientia, vgl. Cic. in Mur. 27, 57. Vgl. Saglio bei Daremberg-Saglio II 111 ff. Friedländer bei Marquardt, Röm. Staatsverwaltung III 504. Pollack bei Pauly-Wissowa V 255 ff.

[111]) Corp. Gl. II 46, 19. Hesych. s. ζευγηλάτης.

[112]) Corp. Gl. IV 332, 40.

[113]) X 467: milite non illo quisquam felicius acri | insultarat equo, vel si resupina citato | proiectus dorso ferretur membra, vel idem | si nudo staret tergo, dum rapta volucris | transigeret cursu sonipes certamina campi.

[114]) VIII 6, 3: qui saltu quadrigas transeat aut [qui in] dorso stans equorum mirifica se moderatione sustentet atque adprime vectus equo militares armaturas exerceat. Auf ähnliches geht Manil. V 88: aut solo vectatus equo nunc arma movebit, und ebd. 632: hic glomerabit equo gyros dorsoque superbus | ardua bella geret vector cum milite mixtus.

[115]) Quint. X 7, 11: quo constant miracula illa in scenis pilariorum ac ventilatorum, ut ea quae emiserint ultro venire in manus credas et qua iubentur decurrere. Die Bezeichnung ventilator kommt (übertragen) auch bei Prudent. περὶ στεφάν. X 78 vor. Vgl. Firm. Mat. VIII 8: pilis ludentes.

[116]) Vgl. Lafaye bei Daremberg-Saglio IV 478.

[117]) CIL VI 8997; XII 4501, mit Abbildung von Bällen.

[118]) 1. Gerhard, Auserl. Vasenb. Taf. 297/8. Lamer, Griechische Kultur im Bilde² Fig. 93. 2. Roulez, Vases de Leyde pl. 20. Daremberg-Saglio IV 473 Fig. 5663. 3. Ann. d. Inst. 1841 tav. J. Baumeister, Denkmäler 249 Fig. 229. 4. Panofka, Bild. antik. Lebens Taf. 10, 1. Baumeister a. a. O. Fig. 231. 5. Heydemann, Griech. Vasenbild. Taf. 9, 3.

[119]) S. oben Anm. 47.

[120]) Maffei, Mus. Veron. Tav. I11, 1. Gori, Thes. vet. diptych. II Tab. 13. Rich, Wörterb. d. röm. Altertümer 471. Die Inschrift preist den Dargestellten als pilarius omnium eminentissimus, CIL V 8120, 2; vgl. W. Meyer, Abh. d. bayer. Akad., Philos. Kl. XV (1881) 67 n. 16.

[121]) Labus, Mus. di Mantova II tav. 24. Daremberg-Saglio IV 479 Fig. 5668; das Relief befindet sich an der einen Nebenseite eines Grabcippus; auf der andern wirft ein Mann mit dem linken Hacken

einen Ball (oder Kugel) in die Höhe, ein zweiter liegt links am Boden, einen dritten hat er in der gesenkten rechten, einen vierten in der erhobenen linken Hand, ein fünfter liegt auf seinem Kopf, und zwei schweben über ihm in der Luft. Die Zahl sieben scheint also die übliche gewesen zu sein. Vgl. Dütschke, Ant. Bildw. in Oberitalien IV 389 n. 889.

[122]) Astr. V 165: ille pilam celeri fugientem reddere planta | et pedibus pensare manus et ludere folle | mobilibusque citos ictus glomerare lacertis; | ille potens, turba perfundere membra pilarum, | per totumque vagas corpus disponere palmas, | ut teneat tantos orbes sibique ipse reludat | et velut edoctos iubeat volitare per ipsum.

[123]) Das Theater erwähnt Quintil. a. a. O., die Thermen die in der folgenden Anm. erwähnte Inschrift.

[124]) Ein pilicrepus (s. über die Bedeutung Blümner, Röm. Privataltertümer 440 Anm. 9) rühmt sich in der Inschrift CIL VI 9797 (vgl. Mommsen, Ephem. epigr. I 55. Carm. Lat. epigraphica coll. ed. Bücheler I 27 n. 29): Ursus togatus vitrea qui primus pila | lusi decenter cum meis lusoribus | laudante populo maximis clamoribus | thermis Traiani, thermis Agrippae et Titi, | multum et Neronis, si tamen mihi creditis, | ego sum; und weiter unten Z. 14: qui vicit omnes antecessores suos | sensu, decore adque arte suptilissima. Die gleiche Kunst erwähnt in byzantinischer Zeit Niceph. Gregor. VIII 10 p. 350 Bonn.

[125]) Conv. 2, 8: ἐκ τούτου δὴ ἤδλει μὲν αὐτῇ ἡ ἑτέρα, παρεστηκὼς δέ τις τῇ ὀρχηστρίδι ἀνεδίδου τοὺς τροχοὺς μέχρι δώδεκα. ἡ δὲ λαμβάνουσα ἅμα τε ὠρχεῖτο καὶ ἀνερρίπτει δονουμένους συντεκμαιρομένη, ὅσον ἔδει ῥιπτεῖν ὕψος, ὡς ἐν ῥυθμῷ δέχεσθαι αὐτούς.

[126]) IX 38: Summa licet velox, Agathine, periculo ludas, | non tamen efficies, ut tibi parma cadat. | nolentem sequitur, tenuesque reversa per auras | vel pede vel tergo, crine vel ungue sedet. | Lubrica Corycia quamvis sint pulpita nimbo | et rapiant celeres vela negata Noti, | securos pueri neglecta perambulat artus, et nocet artificis ventus et unda nihil. Es ist ein Irrtum, wenn Göll, Kulturbilder I 137 ein Spiel mit mehreren Schilden annimmt, es ist nur von einem die Rede; auch die Beziehung der unda auf Regen ist falsch, wie der Zusammenhang zeigt. Bei Regen fanden solche Aufführungen überhaupt nicht statt.

[127]) Alciphr. ep. III 72: τῇ Ἰωνικῇ παιδίσκῃ, τῇ τὰς σφαίρας ἀναρριπτούσῃ καὶ τὰς λαμπάδας περιδινούσῃ.

[128]) Dies Schauspiel sah der hl. Chrysostomus in Antiochia, s. ad pop. Antioch. hom. 19, 4 (Migne XLIX 195): οἱ δὲ μαχαίρας ἐναλλὰξ εἰς τὸν ἀέρα ἀκοντίζοντες καὶ πάσας ἀπὸ τῆς λαβῆς δεχόμενοι πάλιν.

[129]) Philostr. V. Apoll. II 28: καὶ τὸν υἱὸν τὸν ἑαυτοῦ σκιαγραφῆσαι βέλεσιν ἀνεστῶτα πρὸς σανίδα σπουδάζουσιν ἐν τοῖς πότοις. Was die ebd.

angeführten Kunststücke des διὰ σφενδόνης τοξεῦσαι und des ἐς τρίχα ἱέναι bedeuten, weiß ich nicht zu sagen.

[130]) Max. Tyr. diss. 35, 4: ἦλθεν εἰς Βαβυλῶνα ἀνὴρ Ἴων παρὰ τὸν μέγαν βασιλέα, τέχνην τινὰ ἐπιδεικνύμενος διαφέρουσαν εὐμηχανίᾳ· μάζας στέατι ποιούμενος μικρὰς στρογγύλας, κατὰ βελόνης ὀρθίου ἀφιείς, τῆς βελόνης ἄκρας ἐτύγχανε.

[131]) Cap. 7, 3: καὶ μὴν τό γε ἐπὶ τοῦ τροχοῦ ἅμα περιδινουμένου γράφειν τε καὶ ἀναγιγνώσκειν θαῦμα μὲν ἴσως τί ἐστιν, ἡδονὴν δὲ οὐδὲ ταῦτα δύναμαι γνῶναι τίν' ἂν παράσχοι.

[132]) I 76. Auch was Plato Euthyd. 294 E mit ἐπὶ τροχοῦ δινεῖσθαι meint, ist schwer zu erraten. Galen. Protr. 9 (I 20 K.) führt neben πεταυρίζειν als Kunststück an ἐν κύκλῳ περιδινεῖσθαι μὴ σκοτούμενον.

[133]) Stob. Flor. LXXXII 4. Artemid. On. III 55. S. Empir. Pyrrh. hypot. II 250 p. 116, 29; adv. math. II 39 p. 682, 24. Poll. VII 20; so ist wohl auch Ath. IV 129 D anstatt σκληροπαῖκται oder σκιροπαῖκται zu lesen. Manetho IV 448 sagt ψηφάων παίκτας. Das Verbum ψηφοπαικτεῖν bedeutet auch übertragen s. v. a. eskamotieren; so sagte Lysias nach Poll a. a. O.: ψηφοπαικτοῦσι τὸ δίκαιον; und der Philosoph Arkesilaos verglich daher nach Stob. a. a. O. die Dialektiker mit den ψηφοπαῖκται, οἵτινες χαριέντως παραλογίζονται. Vgl. im allgemeinen Bötticher, Kl. Schriften III 359. Der Artikel Praestigiator von Lafaye bei Daremberg-Saglio IV 628 behandelt auch andere θαυματοποιοί mit.

[134]) Ath. I 19 B; κλέπτειν bedeutet verschwinden lassen, vgl. Artem. a. a. O., der ψηφοπαικτεῖν erklärt διὰ τὸ πολλὰς ψήφους κλέπτειν καὶ ταύτας ἄλλοτε ἄλλως δεικνύειν. S. noch Rhet. Gr. ed. Walz VI 43: ματαιοτεχνία δέ ἐστιν ἡ τῶν θαυματοποιῶν ἤτοι ψηφοπαικτῶν, τοὺς μετιόντας ὠφελοῦσα, βλάπτει δὲ τὸν βίον τοὺς θεατὰς τῶν πρακτέων ἀποπλανῶσα.

[135]) Suid.: ψηφολόγοι εἰσὶν οἱ ψηφοπαῖκται. ψηφολογικοὶ γοῦν οἱ πλανῶντες καὶ ἀπατῶντες, ὥσπερ οἱ ψηφολόγοι τοὺς ὀφθαλμοὺς τῷ τάχει τῆς μεταθέσεως τῶν ψήφων ἀπατῶντες συναρπάζουσι (vgl. Anecd. Gr. Cramer. II 486, 11). Doch war dieser Ausdruck vielleicht nur eine scherzhafte Benennung.

[136]) Bei Plaut. Aul. 630; Poen. 1120 übertragen, etwa wie wir „Hexenmeister" sagen; ebenso Amph. 782; Truc. 134 praestigiatrix. S. ferner Varro L. L. V 94. Sen. ep. 45, 8. Fronto de orat. p. 156 Naber. Firm. Mat. VIII 8, 1; 20, 2. Mart. Cap. V 514. Corp. Gl. VII 123.

[137]) Isid. or. VIII 9, 33 etymologisiert: quod praestringat aciem oculorum.

[138]) Alciphr. ep. III 20 nennt sie παροψίδες. Sen. ep. 45, 2 bezeichnet als Handwerkszeug der Taschenspieler acetabula et calculi (vgl. dazu Hultsch bei Pauly-Wissowa I 155). Im Mittelalter heißen die Gaukler neben circulator auch cauculator (vgl. Corp. Gl. III 198, 63: cauculator

psiphopectis, was wohl aus psephopaiktes verdorben ist), was man vom griech. *καύκη* oder *καυκίον*, Schüsselchen, herleitet, doch ist die Ableitung unsres Wortes Gaukler von diesem cauculator ebenso bestritten, wie die von ioculator (woher franz. jongleur, ital. giocolatore, engl. juggler herkommen), da gaukeln altgermanisches Sprachgut zu sein scheint. Von praestigiator ist franz. prestigiateur, ital. prestigiatore geblieben; die Umwandlung zu prestidigitatore ist Mißverständnis oder Scherz.

[139]) Der Wortlaut ist hier zweifellos verdorben; die Hss. haben ταῦτα (sc. λιθίδια) *ποτὲ μὲν κατὰ μίαν ἔσκεπε παροψίδα*. Meineke vermutete dafür ταύτας (sc. *ψήφους*) *ποτὲ μὲν κατὰ μίαν ἔσκεπε παροψίδι*.

[140]) Der Beschreibung entspricht ganz das *ψήφους κλέπτειν καὶ ταύτας ἄλλοτε ἄλλως δεικνύειν* bei Artemid. a. a. O. Zu vergleichen ist auch Fronto a. a. O.; alter autem oleas suas in altum iaciat, ore aperto excipiat, ut calculos praestigiator, primoribus labris ostentet. Offenbar war es Hauptkunststück, daß der *ψηφοπαίκτης* den Schein erweckte, als zöge er die Steinchen aus seinem Munde heraus.

[141]) Ath. I p. 19 B.

[142]) Ath. IV p. 129 D.

[143]) Diod. exc. XXXIV 2. Florus II 7 (19), 4 f. gibt Schwefel und Feuer als Inhalt der Nuß an.

[144]) Hieron. apol. III adv. Rufin. 31 (Migne XXIII 502). Vgl. Beckmann, Beitr. z. Gesch. d. Erfind. IV 64 f.

[145]) Ath. I 20 A: *Διοπείθης δὲ ὁ Λοκρός, ὥς φησι Φανόδημος, παραγενόμενος εἰς Θήβας καὶ ὑποζωννύμενος οἴνου κύστεις μεστὰς καὶ γάλακτος καὶ ταύτας ἀποθλίβων ἀνιμᾶν ἔλεγεν ἐκ τοῦ στόματος. τοιαῦτα ποιῶν ηὐδόκει καὶ Νοήμων ὁ ἠθολόγος*.

[146]) Joh. Chrysost. de S. Babyla 8 (Migne XLIX 548): *οἱ μὲν γὰρ ἥλους ὀξεῖς καὶ ἠκονημένους ἔφαγον, οἱ δὲ ὑποδήματα διεμασήσαντο καὶ κατέπιον*.

[147]) Plut. Lycurg. 19; apophth. regum p. 191 E; apophth. Lacon. p. 216 D; das Verschlucken der Schwerter wird da *καταπίνειν* genannt.

[148]) Met. I 4.

[149]) Vgl. den Artikel Bestiae von Cougny und Saglio bei Daremberg-Saglio I 689 ff.

[150]) Or. 15, 213: *καθ' ἕκαστον τὸν ἐνιαυτὸν θεωροῦντες ἐν τοῖς θαύμασι τοὺς μὲν λέοντας πραότερον διακειμένους πρὸς τοὺς θεραπεύοντας ἢ τῶν ἀνθρώπων ἔνιοι πρὸς τοὺς εὖ ποιοῦντας, τὰς δ' ἄρκτους καλινδουμένας καὶ παλαιούσας καὶ μιμουμένας τὰς ἡμετέρας ἐπιστήμας*. Diese Tierbändiger mochten also auf ihrer Wanderung einmal im Jahre Athen besuchen, vermutlich anläßlich irgend eines Festes.

[151]) Vgl. die Grabgedichte auf Kybelepriester (Galli) Anth. Pal. VI 217 ff. Augustin. de civ. Dei VII 24.

[52]) Vgl. Friedländer, Darstell. aus d. Sittengesch.[5] II 353 f.; 360 ff.

O. Jahn, Abhandl. K.K. bayer. Akad.. Philos. Kl. VIII (1856) S. 262 Anm. 77.

[153]) Manil. IV 234: quadrupedum omne genus positis domare magistris, | exorare tigris rabiemque auferre leoni, | cumque elephante loqui, tantamque aptare loquendo | artibus humanis varia ad spectacula molem. V 702: ille manu vastos poterit frenare leones | et palpare lupos, pantheris ludere captis, | nec fugiet validas cognati sideris ursas, | inque artes hominum perversaque munera ducet, | ille elephanta premet dorso stimulisque monebit, | turpiter in tanto sedentem pondere punctis; | ille tigrim rabie solvet pacique domabit, | quaeque alia infestent silvis animalia terras, | iunget amicitia secum. Firm. Mat. VIII 17, 6 nennt sie mansuetarii ferarum, id est qui ursos vel tauros vel leones deposita feritate humanis conversationibus socient.

[154]) Bruta ratione uti p. 992 A; vgl. de soll. anim. p. 963 C.

[155]) Man vgl. besonders Plin. VIII 1 ff. Ael. nat. an. II 11.

[156]) Suet. Galba 6.

[157]) Dio Cass. LXI 17, 2: ὅτι δὴ καὶ ἐλέφας ἀνήχθη ἐς τὴν ἀνωτάτω τοῦ θεάτρου ἀψῖδα, καὶ ἐκεῖθεν ἐπὶ σχοινίων κατέδραμεν ἀναβάτην φέρων.

[158]) Sen. ep. 85, 41: elephantem minimus Aethiops iubet subsidi in genua et ambulare per funem.

[159]) Suet. Nero 11: notissimus eques R. elephanto supersidens per catadromum decucurrit.

[160]) Das war das gewöhnliche, vgl. Plin. VIII 6: mirum et adversis quidem funibus subire, sed maxime (so Mayhoff, Codd. nur sed) regredi, utique pronis. In der Inschrift CIL VI 10157 wird ein catadromarius gerühmt, der 226 mal in Glauce catadromum decurrit. Man nimmt an, daß es sich hier um eine Stute handle; doch dürfte für Pferde das Seillaufen kaum denkbar sein. Vielleicht hieß dies abgerichtete Elephantenweibchen Glauke.

[161]) S. Belegstellen bei Daremberg-Saglio I 694 und vgl. die Schilderung von ägyptischen Affenkomödien bei Luc. Pisc. 36 und Apol. 5.

[162]) Petron. 47, 9 sagt der Erzähler, als beim Mahle drei weiße, mit Halftern und Glöckchen geschmückte Schweine hereingebracht werden: ego putabam petauristarios intrasse et porcos, sicut in circulis mos est, portenta aliqua facturos; circuli sind Kreise von Personen, die auf Straßen und Plätzen beisammenstehn und vor denen solche Schaustellungen stattfanden, vgl. Friedländer z. d. St. und Darstellungen⁵ I 374.

[163]) Digg. XLVII 11, 11: circulatores, qui serpentes circumferunt et proponunt. Ael. n. an. IX 62: φαρμακοτρίβης ἀνὴρ καὶ τῶν τοὺς ὄφεις ἐς τὰ θαύματα τρεφόντων.

[164]) Sil. It. I 411: nec non serpentem diro exarmare veneno | doctus Athyr. Ebd. III 300: Marmaridae . . . ad quorum cantus serpens oblita veneni.

165) Vgl. Strab. XVII p. 814. Ael. n. an. I 57; Agatharch. ebd. XVI 27. Lucan. IX 891 u. 923. Plin. VII 14; XXVIII 30. Gell. XVI 11, 3 und sonst noch an zahlreichen Stellen.

166) Verg. Aen. VII 753: vipereo generi et graviter spirantibus hydris | spargere qui somnos cantuque manuque solebat. Sil. It. VIII 495: Marsica pubes | et bellare manu et chelydris cantare soporem (norat). Gell. XVI 11, 2: vi quadam genitali datum, ut serpentium virulentorum domitores sint. Vgl. Plin. VII 15; XXI 78; XXV 11; XXVIII 30.

167) Darauf gehn die Marsae voces, Hor. epod. 5, 76, oder Marsa nenia, ebd. 17, 29. Ov. a. a. II 102, oder cantus, Plin. XXVIII 19 und oben Anm. 166. Dagegen meint Cels. V 27, 3, daß die circulatores die Schlangen per quaedam medicamenta zähmen.

168) Vgl. Daremberg-Saglio I 693 Fig. 830. O. Jahn, Archäol. Beiträge 434 f. O. Keller, Tiere des klass. Altert. 1 ff.; doch sind die Affen der berühmten Arkesilasvase wohl nicht, wie letzterer S. 322 Anm. 23 meint, gezähmte, sondern dienen als Staffage der nordafrikanisch gedachten Szenerie.

169) Mus. Borb. I 20. Zahn, Die schönst. Gemälde a. Pompeji II 50. Panofka, Bild. antik. Lebens Taf. I 6. Daremberg-Saglio a. a. O. Fig. 831. Musizierende Affen kommen öfters vor: mit der Querflöte auf der Stroganoffschen Silberschale Arc eitg. I, 1843, Taf. 10; mit der Syrinx auf einem Glasgefäß aus Köln, Rhein. Jahrb. XLI Taf. 3; leierspielend eine Tonfigur bei Stackelberg, Gräber der Hellenen Taf. 70, 5.

170) Jahn a. a. O. Taf. I 1. Daremberg-Saglio 692 Fig. 826.

171) Walter, Hist. of anc. pottery II Taf. 65, 2; ders., Catal. of the Greek and Rom. lamps in the Brit. Mus. (Lond. 1914) S. 103 N. 679 Taf. 16; vgl. A Guide to the exhib. illustr. Greek and Roman life (Lond. 1908) 198 Fig. 207.

172) Auf einem im Besitz von Hrn. H. Wallmann in Lugano befindlichen Exemplar mit entsprechender Darstellung ist dies kletternde Tier laut Angabe des Besitzers vielmehr ein Hund; auch kommen da hinter dem Mann noch Kopf und Vorderbeine eines zweiten Hundes zum Vorschein, und hinter dem Affen eine Ziege.

173) Vgl. über die Marionetten der Alten, abgesehn von älterer Literatur, Ruhnken zu Tim. Lex. Plat. p. 140. Heindorf zu Hor. Sat. II 7, 82. Becker-Göll, Charikles I 282. Lafaye bei Daremberg-Saglio IV 76. Das dort zitierte Werk von Magnin, Histoire des Marionettes en Europe, 2. éd., wo das Altertum S. 7—50 behandelt wird, ist mir unzugänglich und kann nach der Angabe von Lafaye nur mit Vorsicht benutzt werden. Nichts mit Marionetten zu tun hat das von Heron von Alexandrien in einer noch erhaltenen Schrift genau beschriebene Automatentheater (s. die Ausgabe von W. Schmidt, Leipzig 1899); vgl. dazu Prou, Les théâtres d'automates en Grèce au IIe siècle avant l'ère chrétienne, in den Mém. de l'Acad. des inscr. IX (1884) 117 ff. Weitere Literatur bei Lafaye a. a. O. Anm. 2. Daß die Marionetten zu den θαύματα gerechnet wurden, zeigt Tim. Lex. Plat. s. θαύματα, Et. magn. 454, 17. Phot. p. 94, 11 (wo an beiden Stellen θαύματα st. θραύματα zu lesen ist).

[174]) Wenn Herod. II 48 von ägyptischen ἀγάλματα νευρόσπαστα spricht, τὰ περιφορέουσι κατὰ κόμας γυναῖκες, νεῦον τὸ αἰδοῖον (darauf geht Ps. Luc. dea Syr. 16 zurück), so handelt es sich da offenbar nicht um Marionetten, sondern um eine Art Hampelmänner, nur daß in diesen bei phallischem Kult herumgetragenen Figuren nicht Arme und Beine durch Ziehen bewegt wurden, sondern der übertrieben groß gebildete Phallus. Wahrscheinlich nannte man auch die als Kinderspielzeug vielfach auf uns gekommenen Gliederpuppen νευρόσπαστα. Dagegen meint Galen. III 48 K. mit den πρὸς τῶν μηρίνθων εἴδωλα κινούμενα sicherlich Marionetten.

[175]) Ein einziges Mal kommt das griechische Wort vor, bei Gell. XIV 1, 23, übertragen auf Menschen, die ludicra et ridenda quaedam neurospasta heißen (vgl. unten).

[176]) Cap. 4, 55: οὗτοι γὰρ τὰ ἐμὰ νευρόσπαστα θεώμενοι τρέφουσί με.

[177]) Hor. Sat. II 7, 82: duceris ut nervis alienis mobile lignum. Apul. de mundo 27; vgl. M. Anton. comm. VII 3: σιγιλλάρια νευροσπαστούμενα.

[178]) Ps. Aristot. de mundo 6 p. 398 b, 16: ὁμοίως δὲ καὶ οἱ νευροσπάσται μίαν μήρινθον ἐπισπασάμενοι ποιοῦσι καὶ αὐχένα κινεῖσθαι καὶ χεῖρα τοῦ ζῴου καὶ ὦμον καὶ ὀφθαλμόν, ἔστι δὲ ὅτε πάντα τὰ μέρη, μετά τινος εὐρυθμίας. Darnach, aber etwas anders, Apul. a. a. O.: etiam illi, qui in ligneolis hominum figuris gestus movent, quando filum membris, quod agitari volent, traxerint, torquebitur cervix, nutabit caput, oculi vibrabunt, manus ad [omne] ministerium praesto erunt nec invenuste totus videbitur vivere. Darnach hatte also jedes Glied seinen besondern Faden, doch gingen diese alle jedenfalls in eine einzige Hauptleitung zusammen.

[179]) Plat. resp. VII p. 514 B geht schwerlich auf die Szenerie der Marionetten, wie Lafaye meint, sondern überhaupt auf θαύματα, die auf offner Straße vorgeführt wurden.

[180]) Diod. exc. XXXIV 34.

[181]) Ath. I 19 E.

[182]) Plat. Legg. I 644 E: τόδε δὲ ἴσμεν, ὅτι ταῦτα τὰ π , ἐν ἡμῖν οἷον νεῦρα ἢ μήρινθοί τινες ἐνοῦσαι σπῶσί τε ἡμᾶς κτλ. Ps. Arist. a. a. O.

[183]) Pers. 5, 129; besonders häufig spricht M. Antonin. in seinen Selbstbekenntnissen von diesem νευροσπαστεῖσθαι, s. II 2; III 16; VI 16; VII 3; ebd. 29; X 38; XII 19.

[184]) Clem. Alex. Strom. II 311 p. 434 P.; IV 11, 79 p. 598. Tertull. de anima 6; adv. Valent. 28. Synesius de provid. 9 (Migne LXVI 1228). Euseb. Praep. evang. VI 6, 20.

[185]) Im 1. Band der Ausgabe von Schmidt, wo p. 342 die Verfertiger und Vorführer von solchen zu den θαυματουργοί gezählt werden.

[186]) Vgl. Becker-Göll, Charikles I 157; Gallus II 148; III 374. Hermann-Blümner, Griech. Privataltert. 502. Marquardt-Mau, Privatleb. d. Römer 152. Blümner, Röm. Privataltert. 412.

[187]) Es ist bezeichnend, daß im Gastmahl des Xenophon der seine Kunststücke zeigende Syrakusaner 2, 1 mit ἔρχεταί τις ... Συρακόσιος ἄνθρωπος eingeführt wird, also als ein bis dahin den Gästen Fremder, der Spaßmacher Philippos aber 1, 11 als Φίλιππος ὁ γελωτοποιός, also als ein Wohlbekannter. Auch bei Hor. Sat. I 5, 51 ff. sind die beiden scurrae Sarmentus und Messius Cicirrus, über deren unglaublich alberne Späße Maecen und seine Begleiter sich amüsieren, ersichtlich lokale Berühmtheiten von Caudium. Diese berufsmäßigen Spaßmacher lassen sich am ehesten mit den heutigen Clowns im Zirkus vergleichen, zumal sie gleich diesen sich schon äußerlich in lächerlicher Weise herrichteten, indem sie sich den ganzen Kopf kahl schoren, Artem. I 22; in Terrakotten kommt ihr Typus nicht selten vor.

[188]) Plut. apophth. regum p. 191 B; apophth. Lacon. p. 212 F; dagegen ebd. 231 C von Pleistarchos berichtet, der gesagt habe, er höre die Nachtigall selbst lieber.

[189]) Cap. 68, 3.

[190]) Plut. Qu. conv. V 1, 2 p. 674 B: ὁ δὲ μιμούμενος ἀλεκτορίδα βοῶσαν καὶ κορώνην εὐφραίνει.

[191]) Das Sprichwort εὖ μέν, ἀλλ' οὐδὲν πρὸς τὴν Παρμένοντος ὗν, oder τί οὖν αὕτη πρὸς τὴν Παρμένοντος σῦν (App. prov. II 87) wurde darauf zurückgeführt, daß ein gewißer Parmenon wegen Nachahmung des Schweinegrunzens berühmt war; andere hätten ihm darin Konkurrenz gemacht, da aber das Publikum den Parmenon als unübertrefflich erklärte, habe einer ein Ferkel unter seiner Achsel quietschen lassen, und da das Publikum auch da rief: „Was ist das gegen das Schwein des Parmeno!" habe er es unter die Menge geworfen, um zu zeigen, daß sie πρὸς δόξαν οὐ πρὸς ἀλήθειαν urteile (vgl. Plut. de aud. poet. 3 p. 18 C). Diese Geschichte erzählt Phaedrus V 5 unter dem Titel Scurra et rusticus von einem Bauer, der den Berufsspaßmacher auf diese Weise verhöhnt. Bei ihm hat ein Vornehmer eine Wettproduktion im Vorbringen von neuen Späßen arrangiert, die Szene spielt sich im Theater ab, und der Imitator ist ein scurra, notus urbano sole.

[192]) Epigr. 76 (Schenkl 72. Peiper 5).

[193]) Plut. de aud. poet. a. a. O. Über das Kopieren von Anwälten, Barbieren, Marktschreiern, Kutschern und andern Typen vgl. Friedländer zu Petron S. 323; andere Beispiele s. Ath. I 19 F.

[194]) Luc. Lexiph. 20.

Fahrendes Volk im Altertum. 51

¹⁹⁵) Arist. Vesp. 1019: μιμησάμενος τὴν Εὐρυκλέους μαντείαν καὶ διάνοιαν, | εἰς ἀλλοτρίας γαστέρας ἐνδὺς κωμῳδικὰ πολλὰ χέασθαι.

¹⁹⁶) Schol. Arist. a. a. O.: ἐγγαστρῖται δὲ καὶ Εὐρυκλεῖδαι ἐκαλοῦντο ἐντεῦθεν πάντες οἱ μαντευόμενοι.

¹⁹⁷) Ath. I p. 19 E. Vgl. Curtius, Gr. Gesch.⁵ III 57.

¹⁹⁸) Artemid. I 1a: τοῦτο δὲ καὶ σφόδρα διαβεβλημένων τῶν ἐν ἀγορᾷ μάντεων, οὓς δὴ προΐκτας καὶ γόητας καὶ βωμολόχους ἀποκαλοῦσιν οἱ σεμνοπροσωποῦντες καὶ τὰς ὀφρῦς ἀνεσπακότες. Das Herumziehen der Wahrsager und ihre guten Einnahmen werden auch ebd. III 21 erwähnt.

¹⁹⁹) Das zeigen zahlreiche Stellen der Septuaginta, vgl. 3 Mos. 19, 31 (verbunden mit ἐπαοιδοί, ebenso ebd. 20, 6); 5 Mos. 18, 11 (verbunden mit τερατοσκόποι); 1 Sam. 28, 3 (mit γνῶσται); ebd. 7 ff. (die Hexe von Endor); Jes. 8, 19 u. 19, 3.

²⁰⁰) Dio Chrys. or. XVIII p. 132 M. erwähnt unter den Besuchern der Isthmien neben den θαυματοποιοί auch die τερατοσκόποι τέρατα κρίνοντες.

²⁰¹) Vgl. Baumstark bei Pauly-Wissowa III 2059 fg.

²⁰²) De agri cult. 5, 4.

²⁰³) Val. Max. I 3, 3.

²⁰⁴) Vgl. z. B. Juv. 6, 553; 10, 94. Luc. dial. mort. 11, 1; Hermotim. 6. Gell. III 10, 9. Tertull. de praescr. 33 und de idol. 9 verbindet circulatores und astrologi.

²⁰⁵) Ein Beispiel gibt Philostr. V. Apoll. VI 41.

²⁰⁶) Met. II 12 fg.

²⁰⁷) Philops. 11 fg.

²⁰⁸) Apolog. 7. Über die Charlatanerie der Ärzte vgl. Friedländer, Darstellungen⁵ I 309.

²⁰⁹) Vgl. Schömann, Griech. Altert.² II 358. O. Jahn, Columbar. d. Villa Pamphili (Abh. d. bayer. Akad. 1856) S. 254. Saglio bei Daremberg-Saglio I 169. Stengel bei Pauly-Wissowa I 915.

²¹⁰) So werden ἀγύρται und μάντεις verbunden Plat. resp. II p. 364 B. Plut. apophth. Lac. p. 226 D; ders. Marius 42; μητραγύρται und τερατοσκόποι bei Orig. contr. Cels. I 9 (Migne XI 672); Philostr. V. Ap. III 43: γραῦς ἀγύρτρια μαντευομένη. Bei Luc. Dial. Deor. 13, 1 sagt Herakles zu Asklepios: ῥιζοτόμος εἶ καὶ ἀγύρτης, wobei ersteres verächtlich soviel wie „Quacksalber" ist. (Die Handschr. betonen stets ἀγύρτης, während nach Et. Gud. und Schol. Hom. Il. V 158 ἀγυρτής zu betonen ist.) Vgl. Aesch. Agam. 1273: ὡς ἀγύρτρια πτωχός τε μαινὰς λιμοθνής. Ps. Eur. Rhes. 503: ἤδη δ' ἀγύρτης πτωχικὴν ἔχων στολήν; ebd. 715: βίον δ' ἐπαιτῶν εἶρπ' ἀγύρτης τις λάτρις. Plut. de superstit. p. 166 A: ἀγύρται καὶ γόητες. Euseb. Praep. evang. V 29: τερατοσκόπων... οὐδὲ τῶν ἄλλων ἀγυρτῶν καὶ σοφιστῶν.

²¹¹) Daher oft mit πτωχός verbunden und durch ὀχλαγωγός erklärt,

Hesych. und Suid. s. *ἀγύρτης*; auch Jos. c. Ap. II 1; vgl. Maneth. IV 448: *ἐξ ὄχλοιο πορισμῶν | βομβηδὸν ζώοντας, ἀλήμονας ἧς χϑονὸς αἰεί*.

²¹²) Zu deren Treiben vgl. Demosth. or. XVIII 260. Theophr. char. 16.

²¹³) Am anschaulichsten wird uns das Treiben dieser Kybelepriester geschildert bei Luc. Asin. 37 und Apul. met. VIII 27 fg. Schon Plato a. a. O. spricht davon, wie sie *ἐπὶ πλουσίων ϑύρας ἰόντες* diese zu Opfern, Sühneliedern u. dergl. veranlassen. Vgl. Max. Tyr. XIX 3: *τῶν ἐν τοῖς κύκλοις ἀγειρόντων, οἳ δυοῖν ὀβολοῖν τῷ προστυχόντι ἀποϑεσπίζουσιν.* Artemid. III 4 bemerkt, Lügen sei besonders Sache *τῶν ἐπὶ ϑυμέλην ἀνερχομένων καὶ ἀγυρτῶν καὶ ὧν ἔϑος ἐστὶ ψεύδεσϑαι*. Über diese ganz tief stehenden Bettelpriester vgl. noch Babrius Fab. 141. Phaedr. IV 1 und die eingehende Schilderung bei Tzetz. Chil. XIII 475 ff.

²¹⁴) Cic. de leg. II 16, 40. Dion. Hal. II 19, 4 fg.

²¹⁵) O. Jahn, Abh. d. bayer. Akad. VIII (1856), Taf. II 5 S. 259 ff. Daremberg-Saglio I 170 Fig. 194.

²¹⁶) Anth. Pal. VI 217, 3; 218, 3 ff.; 219, 11. August. civ. Dei VII 24.

²¹⁷) Juv. 3, 76: grammaticus, rhetor, geometres, pictor, aliptes, | augur, schoenobates, medicus, magus: omnia novit | Graeculus esuriens, wo wir wieder die Zusammenstellung Wahrsager, Seiltänzer, Quacksalber, Zauberer haben.

²¹⁸) Ael. var. hist. VIII 7; man vgl. die bei Philostr. V. Apoll. II 28 erwähnten Kunststücke indischer Gaukler.

²¹⁹) Vgl. Ath. VI 260 C, von Philipp von Macedonien, Luc. Zeux. 12 von Antiochos I.; Diod. exc. XXXIV 34 von Antiochos IX.; so hielt sich auch Sulla *μίμοι καὶ γελωτοποιοί*, Ath. VI 261 C.

²²⁰) Vgl. Plut. Cleom. 21 im Heere des Kleomenes: *ἐπεὶ ἄλλως γε τῶν Ἑλληνικῶν καὶ βασιλικῶν στρατευμάτων ἐκεῖνο μόνον οὐ μίμους παρακολουϑοῦντας εἶχεν, οὐ ϑαυματοποιούς, οὐκ ὀρχηστρίδας, οὐ ψαλτρίας, ἀλλὰ πάσης ἀκολασίας καὶ βωμολοχίας καὶ πανηγυρισμοῦ καϑαρὸν ἦν.* So war auch das Haus des Antonius stets *μεστὴ μίμων καὶ ϑαυματοποιῶν καὶ κολάκων κραιπαλώντων*, Plut. Ant. 21.

²²¹) So von den Panathenäen Ael. nat. an. IX 62; von den Isthmien sagt Dio Chrys. VIII p. 132 M.; *πολλῶν δὲ ϑαυματοποιῶν ϑαύματα ἐπιδεικνύντων, πολλῶν δὲ τερατοσκόπων τέρατα κρινόντων*. Diog. Laert. VIII 8 sagt, zur *πανήγυρις* kämen die einen, um an Wettkämpfen teilzunehmen, die andern, um Handel zu treiben, die meisten aber, um was zu sehen.

²²²) Dio Chrys. or. LXXVII p. 651 M. Plut. de fac. in orbe lun. p. 924 D spricht von der *ϑαυματοποιοῦ τινος ἀποσκευὴ καὶ πυλαία*. Ob die Lustspieltitel *Πυλαία* von Kratinos und *Πυλαῖαι* von Alexis darauf zurückgehn (Meineke Frgm. com. I 402; II 211; V 90), ist ungewiß.

²²³) Auf einem Papyrus von Oxyrhynchos, auf dem die Abrechnung über ein städtisches Fest aufgeschrieben ist, kommt außer Posten für

Mimen, Musiker, Tänzer uam. auch einer für Homeristen vor, s. Mitteis u. Wilcken, Papyruskunde I 2, 571 N. 492; in einem andern wird ein βιολόγος (d. h. ein Mime) und ein Homerist aufgefordert, bei einem Kronosfest mitzumachen, mit der Beifügung: καθὼς ἔθος ὑμῖν ἐστιν συνπανηγυρίζειν, ebd. 493; vgl. I 1, 420.

[224]) So sagt Arist. oecon. p. 1346 b, 21, daß die θαυματοποιοί, μάντεις, φαρμακοπῶλαι dort verkehren, wo Nahrungsmittel, zumal Fische und Salz, verkauft werden.

[225]) Vgl. Müller, Griech. Bühnenaltert. 77.

[226]) Darauf geht vielleicht Hesych. s. ἱκρία· τὰ ἐπὶ τοῖς ξύλοις κατασκευαζόμενα θεωρεῖα.

[227]) Rep. IV p. 514 B: παρ᾿ ἣν ἰδὲ τειχίον παρῳκοδομημένον, ὥσπερ τοῖς θαυματουργοῖς πρόκειται τὰ παραφράγματα, ὑπὲρ ὧν τὰ θαύματα δεικνύασιν. Das Folgende, das Lafaye bei Daremberg-Saglio IV 77 noch hierher bezieht, hat nichts mehr damit zu tun, sondern gehört zu dem Vergleich, mit dem Plato begonnen hat.

[228]) Demosth. II 19 p. 24: οὓς ἐνθένδε πάντες ἀπήλαυνον ὡς πολὺ τῶν θαυματοποιῶν ἀσελγεστέρους ὄντας, Καλλίαν ἐκεῖνον τὸν δημόσιον καὶ τοιούτους ἀνθρώπους, μίμους γελοίων καὶ ποιητὰς αἰσχρῶν ᾀσμάτων ὧν εἰς τοὺς συνόντας ποιοῦσιν ἕνεκα τοῦ γελασθῆναι. Und aus viel späterer Zeit Joh. Chrysost. hom. in Matth. 35, 3 (Migne LVII 509): οἱ χελιδόνας περιφέροντες καὶ ἠσβολημένοι καὶ πάντας κακηγοροῦντες μισθὸν τῆς τερατωδίας ταύτης λαμβάνουσιν, woraus man wohl schließen darf, daß diese antiken Clowns sich die Gesichter schwärzten, wie die modernen sie weiß anstreichen. Was das χελιδόνας περιφέρειν bedeutet, weiß ich freilich nicht zu sagen.

[229]) Vom ἀπονενοημένος Char. 6: καὶ ἐν θαύμασι δὲ τοὺς χαλκοῦς ἐκλέγειν καθ᾿ ἕκαστον παριὼν καὶ μάχεσθαι τοῖς τὸ σύμβολον φέρουσι καὶ προῖκα θεωρεῖν ἀξιοῦσι. Was hier σύμβολον bedeutet, ist freilich ungewiß; Meister in der Ausgabe d. Leipz. philol. Gesellsch. (Leipz. 1897) S. 52 erklärt: „Unter dem sich herandrängenden Volke geht der Einsammler herum, nimmt das Eintrittsgeld und gibt dafür σύμβολα als Legitii tionsmarken, deren Vorweisung bei seinen nächsten Runden von der Z lung befreit." Ich möchte eher glauben, daß es Freimarken oder Pa partouts waren, die die θαυματοποιοί einzelnen Freunden zustellten; Einsammler, der gar nicht zu ihnen gehört, sich aber in seiner ἀπόνοιc dieser Aufgabe freiwillig meldet, will diese Marken nicht gelten lass

[230]) Der berüchtigte „Karren des Thespis" beruht bekanntlich Mißverständnis der alten Späße ἐξ ἁμάξης bei den Dionysien; dieser tum ist freilich alt und findet sich schon bei Hor. A. P. 275 fg.

www.ingramcontent.com/pod-product-compliance
Lightning Source LLC
Chambersburg PA
CBHW021737220426
43662CB00008B/882